交通运输职业教育高职新能源汽车运用与维修专业教材

Xinnengyuan Qiche Chuneng Zhuangzhi yu Guanli Xitong

新能源汽车储能装置与管理系统

全国交通运输职业教育教学指导委员会 组织编写
钱锦武 主 编
周志国 主 审

人民交通出版社股份有限公司
China Communications Press Co.,Ltd.

内 容 提 要

本书为交通运输职业教育高职新能源汽车运用与维修专业教材。全书分为九个模块,主要内容有:概述、动力电池基本结构与性能参数、铅酸动力电池、碱性动力电池、锂离子电池、燃料电池、电动汽车的其他动力源、电动汽车动力电池充电、新能源汽车能源管理系统。

本书可作为高职高专院校新能源汽车运用与维修专业的教学用书,也可作为新能源汽车技术人员的培训教材,以及新能源汽车专业师资培训教材。

图书在版编目(CIP)数据

新能源汽车储能装置与管理系统 / 钱锦武主编; 全国交通运输职业教育教学指导委员会组织编写. —北京: 人民交通出版社股份有限公司, 2018.1

ISBN 978-7-114-14405-9

Ⅰ. ①新… Ⅱ. ①钱… ②全… Ⅲ. ①新能源—汽车—储能—管理信息系统—研究 Ⅳ. ①U469.7

中国版本图书馆 CIP 数据核字(2017)第 309360 号

书　　名: **新能源汽车储能装置与管理系统**
著 作 者: 钱锦武
责任编辑: 张一梅
出版发行: 人民交通出版社股份有限公司
地　　址: (100011)北京市朝阳区安定门外外馆斜街 3 号
网　　址: http://www.ccpress.com.cn
销售电话: (010)59757973
总 经 销: 人民交通出版社股份有限公司发行部
经　　销: 各地新华书店
印　　刷: 北京市密东印刷有限公司
开　　本: 787 × 1092　1/16
印　　张: 9.75
字　　数: 219 千
版　　次: 2018 年 2 月　第 1 版
印　　次: 2023 年 7 月　第 3 次印刷
书　　号: ISBN 978-7-114-14405-9
定　　价: 23.00 元

交通运输职业教育高职新能源汽车运用与维修专业教材编审委员会

前言

为落实国务院印发的《节能与新能源汽车产业发展规划(2012—2020年)》精神,适应我国新能源汽车快速发展的形势,满足新能源汽车技术人才需求,全国交通运输职业教育教学指导委员会组织来自交通职业技术院校的专业教师,按照《新能源汽车运用与维修专业教学标准》的要求,紧密结合目前新能源汽车运用与维修专业教学需求,编写了交通运输职业教育高职新能源汽车运用与维修专业教材。

在本系列教材启动之初,全国交通运输职业教育教学指导委员会组织召开了新能源汽车运用与维修专业教材编写大纲审定会,邀请行业内专家对该专业的课程体系和教材编写大纲进行了审定。教材初稿完成后,每种教材由一名企业专家或专业教师进行主审,编写团队根据主审意见修改后定稿,实现了对书稿编写全过程的严格把关。

本系列教材在编写过程中,认真总结了全国交通职业院校的专业建设经验,注意吸收发达国家先进的职业教育理念,具有以下特色:

1. 与专业教学标准紧密衔接,较多地体现了新技术、新工艺、新方法,满足新能源汽车运用与维修专业高技能人才培养的需要。

2. 尽量以多数高职院校配置的新能源车型为载体进行讲解,具有较广的适用性。

3. 采用模块式编写体例,围绕学习目标,聚焦知识和技能培养,体现行动导向的教学观,使培养过程实现"理实一体"。

4. 所有教材配有电子课件,部分教材的知识点,以二维码链接动画或视频资源,易教易学。

《新能源汽车储能装置与管理系统》是本系列教材之一。参加本教材编写工作的有：云南交通职业技术学院钱锦武（编写模块二～模块七）；云南交通职业技术学院吕天星（编写模块一）；云南交通职业技术学院宋炯（编写模块八）；昆明学院邹疆（编写模块九）。全书由云南交通职业技术学院钱锦武担任主编，浙江交通职业技术学院周志国担任主审。

限于编者水平，书中难免有疏漏和错误之处，恳请广大读者提出宝贵建议，以便进一步修改和完善。

全国交通运输职业教育教学指导委员会

2017 年 11 月

目 录

模块一 概述

学习目标

1. 了解汽车动力源的发展；
2. 了解新能源汽车特点；
3. 了解新能源汽车动力电池发展趋势；
4. 认识新能源汽车动力系统的管理。

建议课时：4 课时。

一、汽车动力源的发展

现代汽车根据动力来源不同，可分为汽油发动机汽车、柴油发动机汽车、天然气汽车、液化石油气汽车、电动汽车以及混合动力汽车等。

1876 年，德国人奥托在大气压力式发动机的基础上发明了往复活塞式四冲程汽油机。汽车发动机见图 1-1。

图 1-1 汽车发动机

（一）汽油发动机（图 1-2）

四冲程汽油机是将空气与汽油以一定的比例混合成良好的混合气，在吸气行程被吸入汽缸，混合气经压缩点火燃烧而产生热能，高温高压的气体作用于活塞顶部，推动活塞作往复直线运动，通过连杆、曲轴飞轮机构对外输出机械能。四冲程汽油机在进气行程、压缩行程、做功行程和排气行程内完成一个工作循环。

（1）进气行程。

活塞在曲轴的带动下由上止点移至下止点。此时进气门开启，排气门关闭，曲轴转动 180°。在活塞移动过程中，汽缸容积逐渐增大，汽缸内气体压力逐渐降低，汽缸内形成一定

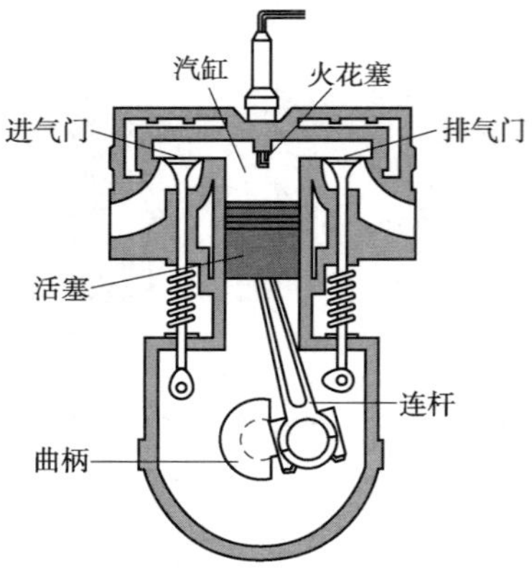

图 1-2　汽油发动机

的真空度，空气和汽油的混合气通过进气门被吸入汽缸，并在汽缸内进一步混合形成可燃混合气。由于进气系统存在阻力，进气终点时，汽缸内气体压力小于大气压力，进入汽缸内的可燃混合气的温度，由于进气管、汽缸壁、活塞顶、气门和燃烧室壁等高温零件的加热以及与残余废气的混合而升高。

(2)压缩行程。

压缩行程时，进、排气门同时关闭。活塞从下止点向上止点运动，曲轴转动 180°。活塞上移时，工作容积逐渐缩小，缸内混合气受压缩后压力和温度不断升高，到达压缩终点时，其压力和温度达到很高。

(3)做功行程。

当活塞接近上止点时，由火花塞点燃可燃混合气，混合气燃烧释放出大量的热能，使汽缸内气体的压力和温度迅速提高。燃烧压力和温度达到最高。高温高压的燃气推动活塞从上止点向下止点运动，并通过曲柄连杆机构对外输出机械能。随着活塞下移，汽缸容积增加，气体压力和温度逐渐下降。

(4)排气行程。

排气行程时，排气门开启，进气门仍然关闭，活塞从下止点向上止点运动，曲轴转动 180°。排气门开启时，燃烧后的废气一方面在汽缸内外压差作用下向缸外排出，另一方面通过活塞的排挤作用向缸外排气。由于排气系统的阻力作用，排气终点的压力稍高于大气压力。活塞运动到上止点时，燃烧室中仍留有一定容积的废气无法排出，这部分废气叫作残余废气。

(二)柴油发动机

1892 年，德国工程师狄塞尔发明了压燃式发动机(即柴油机)，实现了内燃机历史上的第二次重大突破。由于采用高压缩比和膨胀比，热效率比当时其他发动机有了一定提高。

四冲程柴油机工作原理和汽油机一样，每个工作循环也是由进气行程、压缩行程、做功行程和排气行程组成。由于柴油与汽油相比，自燃温度低、黏度大不易蒸发，因而柴油机采用压缩终点压燃着火(压燃式点火)，而汽油机是火花塞点燃。

(1)进气行程。

进入汽缸的工质是纯空气。由于柴油机进气系统阻力较小，进气终点压力比汽油机高，进气终点温度比汽油机低。

(2)压缩行程。

由于压缩的工质是纯空气，因此柴油机的压缩比比汽油机高，压缩终点的压力大，压缩终点的温度高，大大超过柴油的自燃温度。

(3)做功行程。

当压缩行程接近终了时，在高压油泵作用下，将柴油通过喷油器喷入汽缸燃烧室中，在很短的时间内与空气混合后立即自行发火燃烧。由于柴油机是靠压缩自行着火燃烧，故称柴油机为压燃式发动机。

(4)排气行程。

柴油机的排气与汽油机基本相同,只是排气温度比汽油机低。

(三)天然气汽车

天然气汽车是指以天然气作为燃料的汽车。按照所使用天然气燃料状态的不同,天然气汽车又分为压缩天然气汽车和液化天然气汽车。

(1)压缩天然气(CNG)汽车。压缩天然气是指压缩到一定压力的天然气,储存在车载高压气瓶中。压缩天然气是一种无色透明、无味、高热量、比空气轻的气体,主要成分是甲烷,由于组分简单,易于完全燃烧,加上燃料含碳少、抗爆性好、不稀释润滑油,从而能够延长发动机的使用寿命。

(2)液化天然气(LNG)汽车。液化天然气是指常压下、温度为 –162℃的液体天然气,储存在车载绝热气瓶中。液化天然气的安全性能高,适于长途运输和储存。

简言之,天然气汽车是以天然气为燃料的一种气体燃料汽车。天然气的甲烷含量一般在90%以上,是一种很好的汽车发动机燃料。进入新世纪以来,天然气被世界公认为是最为现实和技术上比较成熟的汽车代用燃料,天然气汽车已在全世界得到了推广应用。

(四)液化石油气汽车

以液化石油气为燃料的汽车称为液化石油气汽车。液化石油气汽车和天然气汽车结构类似,增加了一套燃气供给系统。

液化石油气汽车与燃油汽车相比,具有污染少、经济性和安全性好等优点,受到各国的重视。为适应汽车能源变革的大趋势,世界上各汽车制造商都纷纷投资开发液化石油气汽车,并制订各种优惠政策,推广使用液化石油气汽车。

(五)纯电动汽车

纯电动汽车与内燃机汽车相比,取消了传统的发动机,传动机构也发生了改变。

典型纯电动汽车组成如图 1-3 所示,主要包括电源系统、驱动电机系统、整车控制器和辅助系统等。动力电池输出电能,通过电机控制器驱动电机运转产生动力,再通过减速机构,将动力传给驱动车轮,使电动汽车行驶。

1. 电源系统

电源系统主要包括动力电池、电池管理系统、车载充电机及辅助动力源等。动力电池是电动汽车的动力源,是能量的存储装置,也是目前制约电动汽车发展的关键因素,要使电动汽车与内燃机汽车相竞争,关键是开发出比能量高、比功率大、使用寿命长、成本低的动力电池。目前纯电动汽车以锂离子蓄电池为主。电池管理系统实时监控动力电池的使用情况对动力电池的端电压、内阻、温度、电解液浓度、当前电池剩余电量、放电时间、放电电流或放电深度等动力蓄电池状态参数进行检测,并按动力电池对环境温度的要求进行调温控制,通过限流控制避免动力蓄电池过充、过放电,对有关参数进行显示和报警,其信号流向辅助系统的车载信息显示系统,以便驾驶员随时掌握并配合其操作,按需要及时对动力电池充电并进行维护。车载充电机是把电网供电制式转换为对动力电池充电要求的制式，即把交流电转换为相应电压的直流电，并按要求控制其充电电流。辅助动力源一般为12V或24V的直流低压电源，它主要给动力转向、制动力调节控制、照明、空调、电动窗门等各种辅助用电装置提供所需的能源。

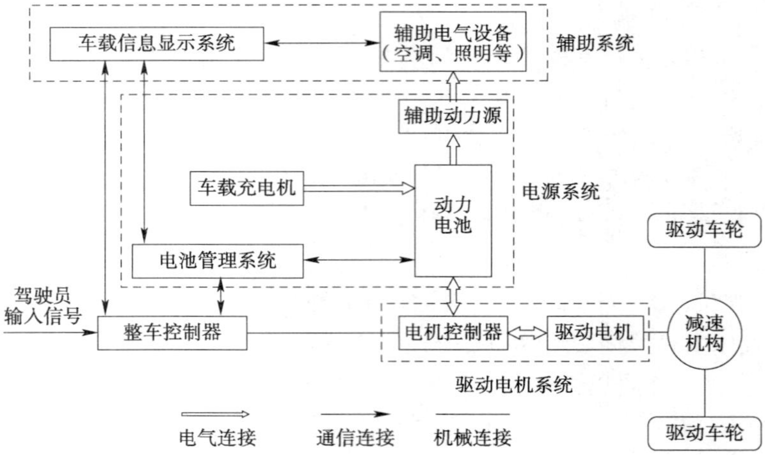

图1-3　典型纯电动汽车组成

2. 驱动电机系统

驱动电机系统主要包括电机控制器和驱动电机。电机控制器是按整车控制器的指令、驱动电机的转速和电流反馈信号等，对驱动电机的转速、转矩和旋转方向进行控制。电机在纯电动汽车中被要求承担着电动和发电的双重功能，即在正常行驶时发挥其主要的电动功能，将电能转化为机械旋转能；而在减速和下坡滑行时又被要求进行发电，承担发电机功能，将车轮的惯性动能转换为电能。

3. 整车控制器

整车控制器根据驾驶员输入的加速踏板和制动踏板的信号，向电机控制器发出相应的控制指令，对电机进行起动、加速、减速、制动控制。在纯电动汽车减速和下坡滑行时，整车控制器配合电源系统的电池管理系统进行发电回馈，使动力蓄电池反向充电。

整车控制器还对动力蓄电池充放电过程进行控制。对于与汽车行驶状况有关的速度、功率、电压、电流及有关故障诊断等信息还需传输到车载信息显示系统进行相应的数字或模拟显示。

4. 辅助系统

辅助系统包括车载信息显示系统、动力转向系统、导航系统、空调、照明及除霜装置、刮水器和收音机等，借助这些辅助设备来提高汽车的操纵性和乘员的舒适性。

未来电动汽车的车载信息显示系统将全面超越传统汽车仪表的现有功能，系统主要功能包括全图形化数字仪表、GPS导航、车载多媒体影音娱乐、整车状态显示、远程故障诊断、无线通信、网络办公、信息处理、智能交通辅助驾驶等。未来的车载信息显示系统是人、车、环境的充分交互，集电子、通信、网络、嵌入式等技术为一体的高端车载综合信息显示平台。

(六)电动汽车的发展趋势

电动汽车诞生很早,但是受电池和驱动控制系统的局限,其发展远远落后于内燃机汽车。

1. 国外纯电动汽车产业现状

装用蓄电池的纯电动汽车很早就出现于英国,之后随着燃油汽车的迅速发展而逐渐淡出市场。20 世纪 70 年代,由于能源危机的发生以及对环境保护的重视,电动汽车的研究和开发重新受到人们的关注。世界发达国家均投入巨资进行电动汽车的商业化开发和应用。各大汽车集团纷纷发布各自的节能环保战略,制订了详细的电动汽车发展路线图,并推出相关产品上市计划。

美国政府以能源部为中心,在电动汽车的研制开发过程中连续地逐年递增投入资金。通用、福特等企业也纷纷加大纯电动汽车的研发力度。

通用公司投入近 10 亿美元开发出纯电动乘用车 EV-1,这是纯电动汽车的首次商业化尝试。该车型车身结构采用玻璃纤维制成,搭载 32 块免维护铅酸蓄电池和三相感应电机驱动系统,最高时速可达 128km,从静止加速到 96km/h,时间约为 9s,一次充电可行驶 144km。

福特公司以全顺 connect 为基础,与英国史密斯电动车公司联合开发出全顺纯电动商用车,该车续航里程约为 160km,是福特首个量产纯电动车型。

欧洲各国成立了欧洲电动汽车协会以支持纯电动汽车发展,并得到欧洲经济委员会的资助。法国标致—雪铁龙与雷诺两大汽车公司一直在积极研制电动汽车,1990 年 J5 和 C25 电动货车投入生产,1995 年标致—雪铁龙电动汽车投入生产。1992 年德国政府拨巨款建立欧洲电动汽车试验基地。戴姆勒公司研制开发出奔驰 Smart 纯电动汽车,目前在欧洲部分城市已有运行。大众汽车公司开发出 E-UP 纯电动汽车(图 1-4),该车型于 2013 年推出。

图 1-4　大众 E-UP 纯电动汽车

日本政府一直很重视电动汽车的发展,很早就制订了电动汽车发展计划。1991 年通产省制订了第三届电动汽车普及计划,用于推动电动汽车的普及与应用,各汽车制造商也纷纷开展纯电动汽车的研发工作。当前,日本纯电动汽车主要是小型车,如单人和 2 人车型,车辆技术、零部件技术、充电设施技术都已相对成熟,日产、三菱和富士重工等汽车企业更是加快了纯电动汽车量产的步伐,陆续推出日产“聆风”(图 1-5)、三菱“i-MiEV”(图 1-6)等先进的纯电动乘用车。日本汽车业正以“安全、环保、舒适”为理念,重点发展纯电动汽车、混合动力汽车、燃料电池汽车等新能源汽车。

与此同时,30 多家日本相关企业正大力研发电动汽车核心技术锂离子电池,并已研制出价格相对低廉的多种新材料。丰田、日产、三菱和本田四家汽车公司还共同出资成立了为电动汽车和混合动力汽车提供服务的“日本充电服务公司”。该公司利用政府资金补助,在高速公路休息站、连锁超市、交通道路旁等设立 1.7 万个充电设施,加快完善基础设施。官方政策投资银行也决定参股该公司,以增强日本车企在国际市场的竞争力。

图 1-5　日产“聆风”电动汽车

图 1-6　三菱“i-MiEV”电动汽车

因目前纯电动车的市场、技术都还没有成熟，国外的纯电动汽车几乎都走的是高档路线，体现的是节能环保的理念，彰显个性。总体而言，经历了基础研究、关键技术突破、产品开发和试验以及车队和小区域试用后，国外整车企业取得长足进展，技术实力较强，技术标准和规范齐全，纯电动汽车技术开发已经相对完善，现在正在转入小批量商业化生产和实际应用探索阶段。但由于售价高昂以及推广使用面临充电等基础设施建设的巨大社会成本，因而在应用方面仍处于示范运行阶段。目前，美、日及欧洲各国都将纯电动汽车的应用研究转向了以公交车为主的定点、定线运行车辆和社区用车及特定用途的微型车，应用范围也偏重于小型车辆和城市公交客车。

2. 国内纯电动汽车产业现状

我国在“八五”和“九五”期间组织了纯电动汽车的攻关，在“十五”和“十一五”期间科技部设立“863”电动汽车重大专项支持电动汽车的研究。在政府政策的支持下，国内高校联合企业进行了大量的技术攻关和样车试制，在电动轿车、电动公交客车、电动车辆系统设计与开发、子系统与零部件研制、能量存储装置、示范运行和标准制订及政策研究等多方面都取得了诸多成果，为今后电动汽车技术和产业的发展奠定了良好的基础。目前，多个企业、多个型号的纯电动汽车产品已通过国家汽车产品形式认证并实现小批量生产。纯电动汽车在特定区域的商品化运作广泛开展，同时建设了电动汽车整车及关键零部件检测基地。

2014 年 12 月 27 日，在亚运村汽车交易市场新能源车应用推广中心启动仪式上，业内企业对 2014 年新能源汽车发展现状及未来规划做了系统阐述。

(1)比亚迪汽车销售有限公司。

目前，比亚迪新能源策略为双驱战略，即公共交通和个人交通全面发力。公共交通领域推广比亚迪自主研发的电动大巴 K9，个人市场领域推广插电式混合动力车。其中，比亚迪 K9 大巴已经在国内主要城市宝鸡、长沙、西安以及英国、荷兰、哥伦比亚等国家进行了市场化运营。数据显示，2014 年 11 月比亚迪共销售 15360 辆能源汽车，其中纯电动车销售 2432 辆，插电式混合动力车销售 12928 辆。

2015 年比亚迪将推出四款新能源汽车，其中比亚迪唐(图 1-7)在 2015 年 1 月 20 日上市，而之后比亚迪宋、元也将陆续上市，其中宋和元还将同步推出燃油版。

(2)深圳比亚迪戴姆勒新技术有限公司。

深圳比亚迪戴姆勒新技术有限公司(腾势汽车)成立于2010年,公司专注于纯电动汽车的生产,其中汽车动力核心技术由比亚迪提供,车身技术由奔驰提供,合资公司的经营范围主要包括设计、研究和开发乘用车。

(3)东风日产乘用车公司。

东风日产启辰晨风纯电动车累计无故障运行里程已经超过了300万km,聆风的销量在全球已达到15万辆。东风日产的目标是启辰的纯电动汽车到2018年实现5万辆左右的年销量规模,成为最畅销的纯电动汽车品牌。

(4)上海汽车集团股份有限公司。

上海汽车集团股份有限公司在战略上非常重视新能源汽车市场。2014年9月,上汽举行了"新能源汽车万里行"的推广活动。11月,在第十二届米其林必比登挑战赛上,上汽荣威150、550获得了加速、超控、经济型等综合性能排名的第一名。

2015年上汽集团开拓了十几个新能源汽车市场,就北京市场而言,加大了纯电动汽车的推广。在销售渠道拓展上,将来可能会尝试网络销售,同时也会像业内企业学习,设立专门的新能源汽车体验店。此外,2016年推出了新的插电式混合动力车型,2018年还会推出纯电动汽车,其中包括SUV车型(图1-8)。

图1-7　比亚迪唐

图1-8　荣威ERX5纯电动汽车

与此同时,上汽集团已从2016年起提高新能源汽车产能。公司制订的新能源汽车发展规划与年度计划——主力车型荣威550插电式强混轿车的每月产能由2016年年初约50辆提升至目前约500辆。

就纯电动乘用车技术研究和产品开发而言,我国现已基本掌握整车动力系统匹配与集成设计、整车控制技术,所研制开发的样车的动力性和能耗水平与国外相当;在小型纯电动汽车和大型公交客车方面实现了小规模生产和示范运行。但存在的问题也很明显,突出表现在整车产品在续航里程、可靠性和工程化上仍落后于国外先进产品;动力电池的比能量、安全性、可靠性、使用寿命等方面,还不能满足整车要求;电机、电池所需部分部件和材料以及控制器基础硬件、芯片、高速CAN网关和信号处理放大部件等需要进口;此外,整车专用电动附件尚无成熟产品可用,成本高,仍依赖进口。

二、国内外动力电池的发展与现状

目前在车用动力源方面,主要有四种技术路线:锂离子电池、氢燃料电池、超级电容器和铝空气电池。其中锂离子电池、超级电容器和氢燃料电池得到广泛的应用,而铝空气电池尚处于实验室研究阶段。能源补给方面,锂离子电池、超级电容器适用于纯电动汽车,但是需要外部充电,而氢燃料电池汽车则需要外部氢气加注,铝空气电池则需要补充铝板和电解液。就目前来看,锂离子电池在未来相当长的一段时间内仍会占据主要发展空间的。

就动力电池而言,目前,三元锂电池和磷酸铁锂电池以及钛酸锂电池在电动车领域都有应用。由于三元锂电池能力密度高,续航里程相对较长,国内车企乘用车纷纷转向使用三元锂电池,包括北汽、比亚迪、江淮等。但三元锂电池却存在安全性差、耐高温性差、寿命差等缺点。

相比三元电池,磷酸铁锂电池,由于安全性能稳定、高温性能好、质量轻等优势,越来越多地活跃在电动客车市场。但因其低温性能差,正极材料振实密度小等缺陷,在微型电池方面不具有优势。

钛酸锂电池是锂电中寿命最长、安全性最高的电池。论生命周期,普通锂离子电池为1000~2000次循环,钛酸锂则是3万次循环,是前者的15倍。但是这种材料的电池有一种天然的缺憾,能量密度偏低,容量小。目前正在研究通过钛酸锂电池和燃料电池的两者结合,以解决新能源汽车续航里程的难题。

(一)国外动力电池的发展与现状

当前,日本在锂离子电池领域居技术领先地位,已制订至2030年发展规划,系统地安排研发课题,以维持长期的领先地位,松下、NEC、索尼等著名公司都建有大规模锂离子电池生产线。韩国LG化学供应的锂电池已驱动超过30万辆电动汽车上路,三星SDI也已成为全球主要的动力电池供应商,提供电池给宝马、菲亚特、法拉利等。

美国政府曾通过经济刺激方案,将20亿美元专门用于支持美国车用锂离子电池产业的发展,特斯拉汽车与松下联手正在内华达州兴建投资20亿美元的超级锂离子电池工厂。美国制订了动力蓄电池研发路线,包括由金属锂、硅合金等材料作为负极,高电压材料、空气、硫作为正极的新体系结构动力电池,以及非锂体系动力电池等。

随着我国新能源汽车产业的快速发展,越来越多的国外动力电池企业在我国投资建厂。三星SDI、LG化学已经分别在西安和南京合资建厂投产,松下大连工厂正在建设中,博世和SK也筹划在我国建设动力电池工厂。

(二)国内动力电池的发展与现状

我国的锂离子电池研究项目一直是“863”的重点项目,经过二十多年的持续支持,大部分材料实现了国产化,由追赶期开始向同步发展期过渡,本土总产能居世界第一,支撑了我国新能源汽车的示范推广。

目前,我国已形成了包括关键原材料(正极、负极、隔膜、电解液等)、动力电池、系统集成、示范应用、回收利用、生产装备、基础研发等在内的完善的锂离子动力电池产业链体系,掌握了动力电池的配方设计、结构设计和制造工艺技术,生产线逐步从半自动中试向全自动大规模制造技术过渡。

在产业布局方面,我国形成了珠江三角洲、长江三角洲、中原地区和京津冀区域为主的四大动力电池产业化聚集区域。据统计,目前有近100家动力电池企业开展动力电池的研发及产业化工作，有近 1000 亿元产业资金投入，形成近 40GWh 年产能，技术研发、产业化进展显著，有力地支撑了新能源汽车产业的快速发展。

（三）未来车用动力电池发展趋势

预计 2020 年，技术提升阶段。新型锂离子电池实现产业化，能量型锂离子电池单体比能量达到 350Wh/kg，能量功率兼顾型动力电池单体比能量达到 200Wh/kg。动力电池实现智能化制造，产品性能、质量大幅度提升，成本显著降低，纯电动汽车的经济性与传统汽油车基本相当，插电式混合动力汽车步入普及应用阶段。

预计 2025 年，产业发展阶段。新型动力电池技术取得显著进展。动力电池产业发展与国际先进水平接轨，形成 2 ~ 3 家具有较强国际竞争力的大型动力电池公司，国际市场占有率达到 30%。固态电池、锂硫电池、金属空气电池等新体系电池技术不断取得突破，比能量达到 400Wh/kg 以上。

预计 2030 年，产业成熟阶段。新体系电池实现实用化，电池单体比能量达到 500Wh/kg 以上，成本进一步下降；动力电池技术及产业发展处于国际领先水平。

未来相当一段时期内，我国节能与新能源汽车将以普及应用插电式混合动力汽车、纯电动企业等新能源汽车为主要任务，迫切期待动力电池降低成本、提高性能。研发新型锂离子电池和新体系电池、提升动力电池智能制造水平、完善验证测试方法和标准体系，既是我国节能与新能源汽车的发展需求，也是我国动力电池发展的关键任务，具有紧迫性。

总之，新能源汽车竞争的核心是技术，最迫切的是实现动力电池技术的突破。从目前看，包括混合动力、燃料电池以及纯电动汽车在内的新能源汽车，是新能源汽车比较可行的技术选择。而在电动汽车关键零部件当中，动力电池是技术门槛最高、也是利润最集中的部分。如果不能掌握动力电池的核心技术，我国新能源汽车注定将举步维艰。而电池技术的突破，将成为我国进入新能源汽车领域，抢占未来行业制高点的最佳切入点。

三、内燃发动机汽车动力系统的管理

汽车发动机管理系统（Engine Management System，简称 EMS）通过电子控制手段对发动机点火、喷油、空气与燃油的比率、排放废气等进行优化控制，使发动机工作在最佳工况，达到提高性能、安全、节能、降低废气排放的目的。汽车发动机管理系统主要包括：燃油喷射控制、点火系统控制、怠速控制、尾气排放控制、进气控制、增压控制、失效保护、后备系统、诊断系统等功能。

另外，随着网络、集成控制技术的广泛应用，作为汽车控制主要单元的 EMS 系统通过 CAN 总线与其他控制系统，如安全系统、底盘系统以及空调、防盗、音响等系统实现网络互联，实现信息共享并实施集成优化统一控制。在不久的将来，车载通信平台将利用现有无线通信网络为汽车驾驶提供更广泛的咨询、娱乐等增值服务（如 GPS 全球定位系统的应用）。

汽车发动机管理系统的开发主要涉及以下技术内容：

（1）传感器。主要包括空气流量传感器、空气温度传感器、节气门位置传感器、冷却液温度传感器、转速传感器、曲轴位置传感器、凸轮轴位置传感器、爆震传感器、车速传感器、氧传感器等。

(2)执行器。主要包括喷油器、点火控制模块、怠速空气控制阀以及各种电磁阀等。

(3)电控单元 ECU(Electronic Control Unit)和控制算法程序软件。其作用是通过采集各种传感器输入信号,并将信号进行调理,根据发动机管理控制算法进行运算,然后输出控制信号并进行功率放大,最后传给执行器。同时检测传感器信号正常状态,出现故障时报警。

例如本田讴歌为 RDX 中国市场打造的,其带有的 VCM 智能动力管理系统是其最大的特点和优势,它可以针对不同路面情况、驾驶情况来自行切换 6 缸或 3 缸工作,在提高节油效率上也有非常出色的表现,

四、新能源汽车动力系统的管理

(一)纯电动汽车动力系统的管理

纯电动汽车动力系统(图 1-9)的管理是对电动汽车动力系统能源转换装置的工作能量进行协调、分配和控制的软、硬件系统。能源管理系统的硬件由一系列传感器、控制单元 ECU 和执行元件等组成,软件系统的功能主要是对传感器的信号进行分析处理,对能源转换装置的工作能量进行优化分析,并向执行元件发出指令。因此,可以说电动汽车能源管理系统的功用是在满足汽车基本技术性能(如动力性、驾驶平稳性等)和成本等要求的前提下,根据各部件的特性及汽车的运行工况,实现能量在能源转换装置(如发动机、电动机、储能装置、功率变换模块、动力传递装置、发电机和燃料电池等)之间按最佳路线流动,使整车的能源利用效率达到最高。

图 1-9　纯电动汽车动力系统

1. 纯电动汽车能源管理系统的组成

纯电动汽车能源管理系统的基本结构:电池输入控制器、车辆运行状态参数、车辆操纵状态、能源管理系统 ECU、电池输出控制器、电机发电机系统控制。输入能源管理系统电控单元 ECU 的参数有各电池组的状态参数(如工作电压、放电电流和电池温度等)、车辆运行状态参数(如行驶速度、电动机功率等)和车辆操纵状态(如起动、制动、加速和减速等)等。能源管理系统具有对检测的状态参数进行实时显示的功能。ECU 对检测的状态参数按预定的算法进行推理与计算,并向电池、电动机等发出合适的控制和显示指令等,实现电池能量的优化管理与控制。

2. 电池荷(充)电状态指示器

电池荷(充)电状态指示器是能源管理系统的一个重要组成。电动汽车蓄电池中储存有多少电能,还能行驶多少里程,是电动汽车行驶中驾驶员必须知道的重要数据。与燃油汽车的油量表类似的仪表就是电池荷(充)电状态指示器,它是能源管理系统的一个重要装置。因此,在电动汽车中装备满足这一需求的仪表即电池荷(充)电状态指示器。

3. 电池管理系统

电池管理系统是能源管理系统的一个子系统。电动汽车电池携带的能量是有限的，也是非常宝贵的。为了增加电动汽车的续驶里程，对电池系统进行全面的、有效的管理是十分必要的。蓄电池管理系统在汽车运行过程中需要完成的任务多种多样。其主要任务是保持电动汽车蓄电池性能良好，并优化各蓄电池的电性能和保存、显示测试数据等。

(二)混合动力汽车动力系统的管理

混合动力电动汽车驱动系统的能量管理如图 1-10 所示。

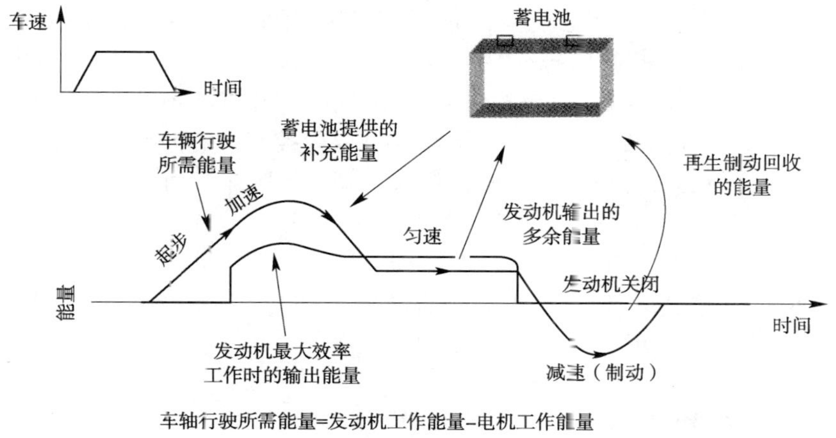

图 1-10　混合动力电动汽车驱动系统的能量管理

混合动力电动汽车各运行模式下的能量管理策略如下：

蓄电池 SOC 值(荷电状态)，也叫剩余电量，代表的是电池使用一段时间或长期搁置不用后的剩余容量与其完全充电状态的容量的比值，常用百分数表示。其取值范围为 0 ~ 1，当 SOC = 0 时表示电池放电完全，当 SOC = 1 时表示电池完全充满。

(1)起步。

由于电机具有低速大转矩的特性，所以混合动力电动汽车的起步由电机单独来完成。当蓄电池 SOC 值比较低的时候，由发动机来提供起步时的动力；如果蓄电池的剩余电量适中，即 SOC 值居中，则电机驱动，发动机关闭；如果蓄电池的剩余电量多，即 SOC 值大，则电机驱动，发动机关闭。

(2)低速或城市工况。

当混合动力电动汽车在城市道路或低速行驶时，若 SOC 值较高或居中的时候，汽车所需动力由电机单独提供，电机所需能量由蓄电池来供给；若 SOC 值较低，汽车所需动力由发动机来提供，电机转换为发电机发电，为蓄电池充电。

(3)加速。

在加速模式下，控制策略主要是基于 SOC 值来制订的，主要考虑以下三种方式：

①当 SOC 值比较高时，若汽车此时是弱加速，电机只提供部分功率来辅助发动机驱动汽车；若此时汽车是急加速，电机则提供峰值功率来辅助发动机。

②当 SOC 值居中的时候，无论汽车是弱加速还是急加速，发动机工作，而电机驱动，提供

部分功率辅助汽车的加速。

③当 SOC 值比较低的时候,电机空转,发动机的节气门全开。

(4)巡航。

当汽车以恒定的速度行驶时,由于汽车克服路面阻力保持恒定速度行驶时的转矩是很小的,所以,发动机主要提供平均功率而不是峰值功率。此时,当发动机的功率大于路面所需要的功率时,且 SOC 值较低时,电机转换成发电机提供电能给蓄电池充电,满足下一步的使用要求。

(5)减速。

在这种模式下,会有部分制动能量回收,通常有松开加速踏板和踩下制动踏板两种模式。在第一种模式下,电机的反拖作用使车速缓慢下降,若 SOC 值低或居中时,部分制动能量被回收,此时发动机关闭,电机提供部分负转矩来给蓄电池充电;在第二种模式下,车速迅速下降,若 SOC 值低或居中时,大量的制动能量被回收,电机提供最大的负转矩来给蓄电池充电,发动机关闭,如果蓄电池的剩余电量多,即 SOC 值高,则电机空转,发动机关闭。

(6)驻车。

当系统处于驻车模式时,汽车是不需要能量的,因此电机空转,发动机关闭。若此时电池 SOC 值比较低,发动机开始驱动电机给蓄电池充电。

技能实训

汽车动力系统认识

(一)实训目标

(1)通过实物认识汽车动力系统总成。

(2)认识并了解电动汽车的基本结构。

(3)认识并了解混合动力汽车的基本结构。

(二)实验设备

(1)汽油发动机、柴油发动机。

(2)电动汽车。

(3)混合动力汽车。

(4)其他新能源汽车。

(三)操作步骤及工作要点

(1)通过多媒体了解汽车动力发展历史。

(2)在教师的引导下,掌握相关知识,并完成下列工作页的填写。

①在图 1-11 中将典型电动汽车组成框图填写完整。

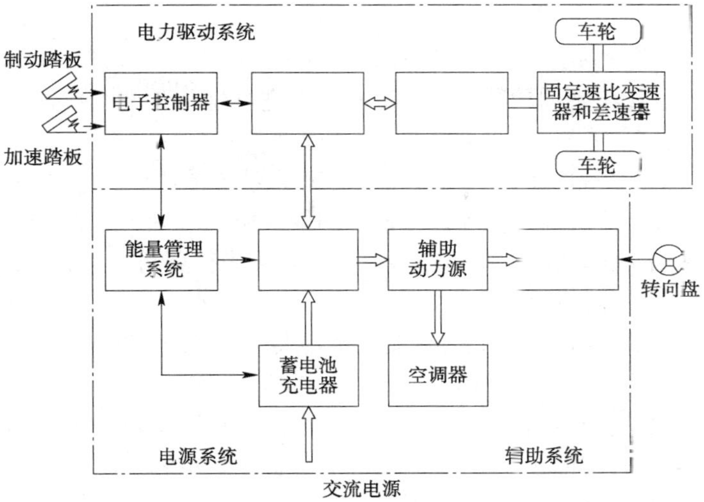

图 1-11 电动汽车组成框图

②在图 1-12 中将电动汽车的传动示意图填充完整，并根据此示意图描述出电动汽车的工作原理。

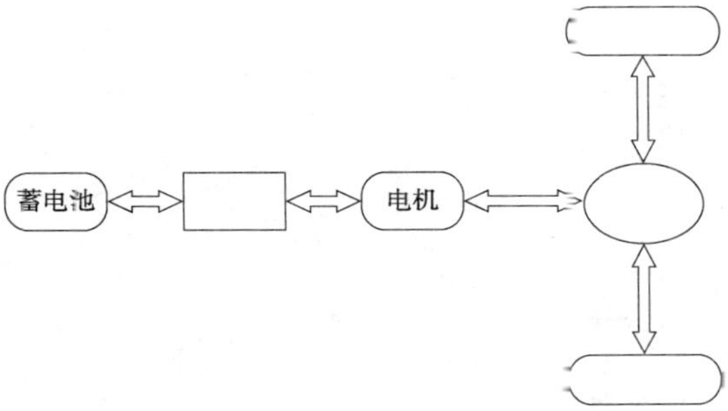

图 1-12 电动汽车传动示意图

(3) 对照混合动力车辆(如丰田普锐斯)指出其动力系统总成位置及结构。

模块小结

(1) 根据动力来源不同，现代汽车可分为汽油发动机汽车、柴油发动机汽车、天然气汽车、液化石油气汽车、电动汽车以及混合动力汽车等。

(2) 天然气汽车是指以天然气作为燃料的汽车。按照所使用天然气燃料状态的不同，天然气汽车又分为压缩天然气汽车和液化天然气汽车。

(3) 以液化石油气为燃料的汽车称为液化石油气汽车。液化石油气汽车和天然气汽车结构类似，增加了一套燃气供给系统。

(4) 典型纯电动汽车组成主要包括电源系统、驱动电机系统、整车控制器和辅助系统等。动力电池输出电能，通过电机控制器驱动电机运转产生动力，再通过减速机构，将动力传给驱动车轮，使电动汽车行驶。

(5) 目前在车用动力源方面，主要有四种技术路线：锂离子电池、氢燃料电池、超级电容和铝空气电池。

(6)汽车发动机管理系统(Engine Management System,简称 EMS)通过电子控制手段对发动机点火、喷油、空气与燃油的比率、排放废气等进行优化控制,使发动机工作在最佳工况,达到提高性能、安全、节能、降低废气排放的目的。

(7)电动汽车动力系统的管理是对电动汽车动力系统能源转换装置的工作能量进行协调、分配和控制的软、硬件系统。能源管理系统的硬件由一系列传感器、控制单元 ECU 和执行元件等组成,软件系统的功能主要是对传感器的信号进行分析处理,对能源转换装置的工作能量进行优化分析,并向执行元件发出指令。

(8)串联式混合动力电动汽车有三种基本的能量管理策略,即恒温器策略、功率跟踪式策略和基本规则型策略。

(9)并联式混合动力电动汽车的能量管理策略基本属于基于转矩的控制,主要有逻辑门限控制策略、瞬时优化能量管理策略、全局最优能量管理策略和模糊能量管理策略等。

(10)混联式混合动力电动汽车由于其特有的传动系统结构,如采用行星齿轮传动,除了采用瞬时优化能量管理策略、全局优化能量管理策略和模糊能量管理策略(与并联式混合动力电动汽车能量管理策略原理类似)以外,还有一些特有的能量管理策略。

思考与练习

(一)填空题

1. 汽车发动机可分为________、________、________以及________等。
2. 天然气汽车可以分为________汽车和________汽车。
3. 典型纯电动汽车主要包括________、________、________和________等。

(二)简答题

1. 简述电动汽车的特点。
2. 简述混合动力汽车的特点。
3. 动力电池的发展前景如何?

模块二 动力电池基本结构与性能参数

学习目标

1. 了解动力电池的分类;
2. 了解化学能与电能转换基本原理;
3. 熟悉动力电池的基本结构;
4. 熟悉动力电池的基本参数;
5. 掌握动力电池性能的评价方法。

建议课时:2 课时。

一、电池的基本结构

电池是一种把化学反应所释放的能量直接转变成直流电能的装置。

动力电池是混合动力汽车、电动汽车和燃料电池汽车所必备的车载储能式电源。

电池主要由以下四部分构成。

1. 电极

电极是采用了不同的材料、能够释放出电能的极板连接构成。电极还用于支撑和固定电池中参加化学反应的"活性物质"。电池在放电时,在电池内部,在电池发生氧化反应并失去电子的电极为正极,获得电子的电极为负极。

2. 电解质

电解质是促使电池进行电化学反应的物质,电解质一般有酸性电解质、碱性电解质、中性电解质和有机物电解质等。电解质有液态电解质、胶质电解质和固态电解质等,多数电解质为无机电解质水溶液,少部分电解质也有固体电解质、熔融盐电解质、非水溶液。

3. 隔离物

在电池内部如果发生正极和负极接触时,就会在电池内部形成"短路",使电池在内部呈放电状态,并消耗电池的电能。因此,在电池内部需要用隔离物将电池中正极和负极隔开,防止电池内部短路。隔离物有:微孔橡胶隔板、微孔塑料隔板等固体状隔离物;无纺布、玻璃纤维、网状隔板等膜状隔离物;硅胶等胶体隔离物。

4. 外壳

一般电池是将多个单体电池的电极、活性物质、电解质、隔离物等,用串联或并联方法构成电池模块,用外壳进行包装。电池的外壳材料要求有可靠的化学稳定性,不会影响电池的电极、活性物质、电解质等的化学性能。外壳材料还要求有一定的耐腐蚀性和机械强度,以便于密封。外壳材料通常有塑料、金属(加绝缘材料)等。

电池要实现化学能转变成电能的过程,必须满足如下条件:

(1)必须让化学反应中失去电子的氧化过程(在负极进行)和得到电子的还原过程(在正极进行)分别在两个区域进行,这与一般的氧化还原反应存在区别。

(2)两电极必须是有离子导电性的物质。

(3)化学变化过程中电子的传递必须经过外线路。

汽车起动动力电池的基本构成如图 2-1 所示。

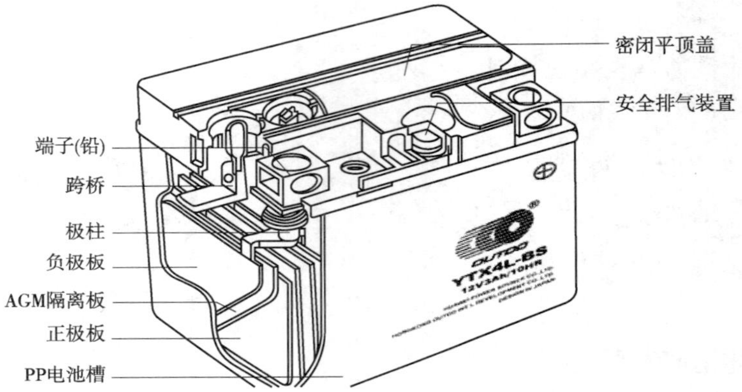

图 2-1　汽车起动动力电池结构示意图

二、动力电池的类型

电动汽车使用的动力电池可以分为化学电池、物理电池和生物电池三大类。

(一)化学电池

化学电池是指将化学能直接转变为电能的装置。其主要部分是电解质溶液,浸在溶液中的正、负电极和连接电极的导线。化学电池按工作性质分为原电池、蓄电池、燃料电池和储备电池四种。

化学电池按电解质分为酸性电池、碱性电池、中性电池、有机电解质电池、非水无机电解质电池、固体电解质电池等。

化学电池按电池的特性分为高容量电池、密封电池、高功率电池、免维护电池、防爆电池等。

化学电池按正、负极材料分为锌锰电池系列、镍镉镍氢系列、铅酸系列、锂电池系列等。

1. 原电池

原电池是利用两个电极之间金属性的不同，产生电势差，从而使电子流动，产生电流，如图 2-2 所示。原电池是电化电池的一种，其电化反应不能逆转，即只能将化学能转换为电能，简单地说就是不能重新储存电力，与蓄电池相反，如锌二氧化锰干电池、锂锰电池、锌空气电池、一次锌银电池等。

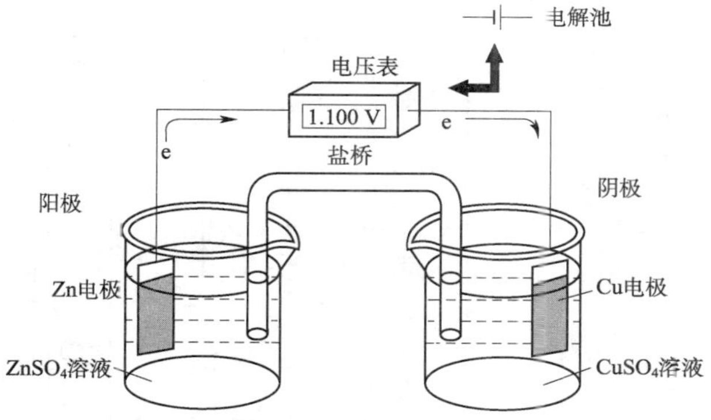

图 2-2 原电池的工作原理

2. 蓄电池

蓄电池又称二次电池，是指电池在放电后可通过充电的方法使活性物质复原而继续使用的电池，这种充放电可以达数十次到上千次循环，如图 2-3 所示。如铅酸蓄电池、镍镉电池、镍氢电池、锂离子电池等。

3. 燃料电池

燃料电池是一种将存在于燃料与氧化剂中的化学能直接转化为电能的发电装置。燃料和空气分别送进燃料电池，电能就转化出来。它从外表上看有正、负极和电解质等，像一个蓄电池，但实质上它不能“储电”，而是一个“发电厂”。图 2-4 为单体燃料电池的工作简图。

图 2-3 蓄电池

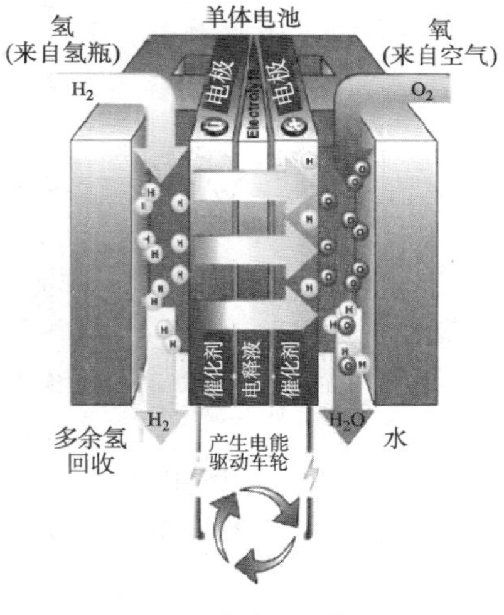

图 2-4 燃料电池简图

燃料电池又称连续电池，是指参加反应的活性物质从电池外部连续不断地输入电池，电池就连续不断地工作而提供电能。如质子交换膜燃料电池、碱性燃料电池、磷酸燃料电池、熔融碳酸盐燃料电池、固体氧化物燃料电池、直接甲醇燃料电池、再生型燃料电池等。燃料电池的工作原理见图 2-5。

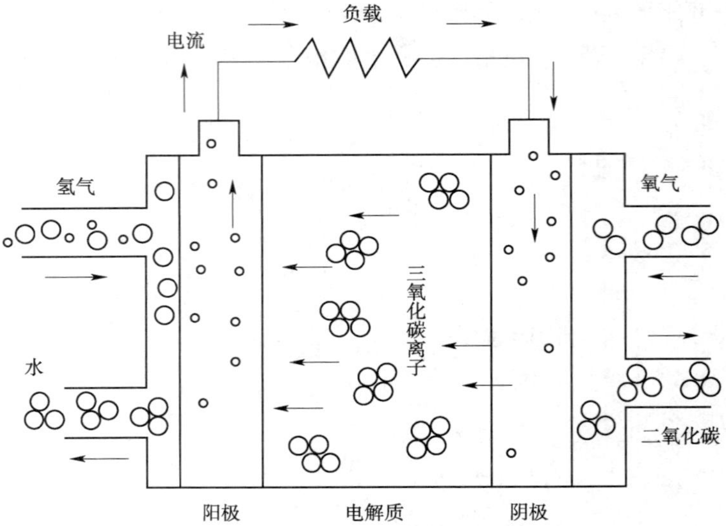

图 2-5　燃料电池的工作原理

燃料电池十分复杂,涉及化学热力学、电化学、电催化、材料科学、电力系统及自动控制等学科的有关理论,具有发电效率高、环境污染少等优点。能量转化效率高,它直接将燃料的化学能转化为电能,中间不经过燃烧过程,因而不受卡诺循环的限制;燃料电池系的燃料电能转换效率在 45% ~60% ,而火力发电和核电的效率在 30% ~40% ;安装地点灵活,燃料电池电站占地面积小,建设周期短,电站功率可根据需要由电池堆组装,十分方便。

4. 储备电池

储备电池是指电池正、负极与电解质在储存期间不直接接触,使用前注入电解液或者使用其他方法使电解液与正、负极接触,此后电池进入待放电状态,如镁电池、热电池等。

(二)物理电池

物理电池是利用光、热、物理吸附等物理能量发电的电池。如太阳能电池、超级电容器飞轮电池等。

太阳能电池又叫“太阳能芯片”或“光电池”,是指通过光电效应或者光化学效应直接把光能转化成电能的装置。图 2-6 为利用太阳光直接发电的光电半导体薄片,它只要被太阳光照到,短时间内就可输出电压及电流,在物理学上称为太阳能光伏 Photovoltaic,缩写为 PV,简称光伏。

太阳能电池以光电效应工作的薄膜式太阳能电池为主流,而以光化学效应工作的湿式太阳能电池则还处于萌芽阶段。

(三)生物电池

生物电池,是指将生物质能直接转化为电能的装置(生物质蕴含的能量绝大部分来自于太阳能,是绿色植物和光合细菌通过光合作用转化而来的),如图 2-7 所示。从原理上来讲,生物质能能够直接转化为电能主要是因为生物体内存在与能量代谢关系密切的氧化还原反应。这些氧化还原反应彼此影响,互相依存,形成网络,进行生物的能量代谢。常见的生物电池有微生物电池、酶电池、生物太阳电池等。

图 2-6　太阳能光伏

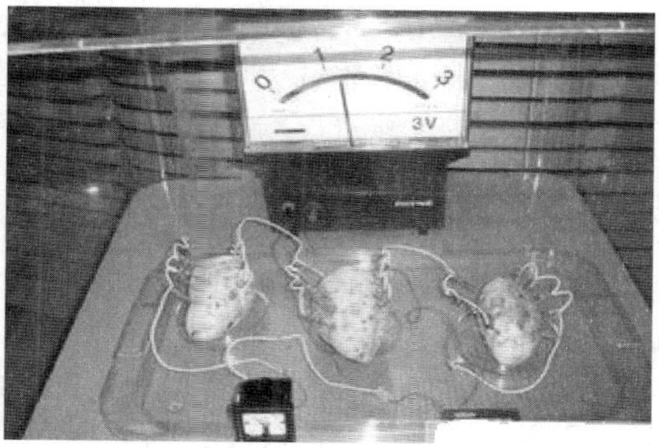

图 2-7　生物电池

1. 微生物电池

微生物电池由阳极室和阴极室组成,有一个质子交换膜将两极室分开。其基本反应分为四步:

(1)在微生物的作用下,燃料发生氧化反应,同时释放出电子。

(2)相应的介体捕获电子并将其运送至阳极。

(3)电子经外电路抵达阴极,质子通过质子交换膜由阳极室进入阴极室。

(4)氧气在阳极接收电子,发生氧化还原反应。

2. 酶电池

酶电池通常使用葡萄糖作为反应原料。其反应原理如下:

葡萄糖在葡萄糖氧化酶和辅酶的作用下失去电子被氧化成葡萄糖酸,电子由介体运送至阳极,再经外电路到阴极。过氧化氢得到电子,并在氧化酶的作用下还原成水。

普遍使用的以葡萄糖为燃料的酶电池是模仿线粒体的反应机构而制成的,线粒体是以葡萄糖为燃料的酶电池的理想模型。

三、动力电池的基本参数

1. 电压参数

(1)电动势。

电动势是电池在理论上输出能量大小的度量之一。如果其他条件相同,那么电动势越高,理论上能输出的能量就越大。电池的电动势是热力学的两极平衡电极电位之差。

实际上,电池中两个电极并非处于热力学的可逆状态,因此,电池在开路状态下的端电压理论上并不等于电池的电动势,但由于正极活性物质一般氧的过电位大,所以稳定电位接近正极活性物质的平衡电位,同理,负极材料氢的过电位大,所以稳定电位接近负极活性物质的平衡电位。结果在表征上电池的开路电压在数值上接近电池的电动势,所以在工程应用上,常常认为电池在开路条件下,正负极间的平衡电势之差,即为电池的电动势。

对于某些气体电极，电池的开路电压数值受催化剂的影响很大，与电动势在数值上不一定很接近。如燃料电池，其开路电压常常偏离电动势较大，而且随使用催化剂的品种和数量而变化。

(2)开路电压。

开路电压是指在开路状态下(几乎没有电流通过时)，电池两极之间的电势差，一般用 u_0 表示。电池的开路电压取决于电池正负极材料的活性、电解质和温度条件等，而与电池的几何结构和尺寸大小无关。一般情况下，电池的开路电压均小于它的电动势。

(3)额定电压额定电压也称公称电压或标称电压，指的是在规定条件下电池工作的标准电压。采用额定电压可以区分电池的化学体系，表 2-1 为常用不同电化学体系电池的单体额定电压值。

常用不同电化学体系电池的单体额定电压值 表 2-1

电 池 类 型	单体额定电压(V)	电 池 类 型	单体额定电压(V)
铅酸电池	2.1	铝空气电池	1.4
镍镉电池	1.2	钠氯化镍电池	2.5
镍锌电池	1.6	钠硫电池	2.0
镍氢电池	1.2	锰酸锂电池	3.7
锌空气电池	1.2	磷酸铁锂电池	3.2

(4)工作电压。

工作电压是指电池接通负载后在放电过程中显示的电压，又称负荷(载)电压或放电电压。在电池放电初始时刻的(开始有工作电流)电压称为初始电压。

电池在接通负载后，由于欧姆内阻和极化内阻的存在，电池的工作电压低于开路电压，当然也必然低于电动势。

(5)放电终止电压。

对于所有二次电池，放电终止电压都是必须严格规定的重要指标。放电终止电压也称放电截止电压，是指电池放电时，电压下降到不宜再继续放电的最低工作电压值。根据电池的不同类型及不同的放电条件，对电池的容量和寿命的要求也不同，由此所规定的放电终止电压也不同。一般而言，在低温或大电流放电时，终止电压规定得低些；小电流长时间或间歇放电时，终止电压值规定得高些。

2. 容量参数

电池在一定的放电条件下所能放出的电量称为电池容量，以 C 表示。其单位常用 Ah 或 mAh 表示。

(1)理论容量 C_0。

理论容量是指假定活性物质全部参加电池的成流反应所能提供的电量。理论容量可根据电池反应式中电极活性物质的用量，按法拉第定律计算的活性物质的电化学当量求出。

(2)额定容量 C_g。

额定容量是指按国家或有关部门规定的标准，保证电池在一定的放电条件(如温度、放电率、终止电压等)下应该放出的最低限度的容量。

(3)实际容量 C。

实际容量指在实际工作情况下放电，电池实际放出的电量。它等于放电电流与放电时间的积分，实际放电容量受放电率的影响较大，所以常在C的右下角以阿拉伯数字标明放电率，如$C_{20}=50\text{Ah}$，表明在20小时放电率下的容量为50Ah。

电池的实际容量与放电电流密切相关，大电流放电时，电极的极化增强，内阻增大，放电电压下降很快，电池的能量效率降低，因此，实际放出的容量较低。相应地，在低倍率放电条件下，放电电压下降缓慢，电池实际放出的容量常常高于额定容量。

(4)剩余容量。

剩余容量是指在一定放电倍率下放电后，电池剩余的可用容量。剩余容量的估计和计算受到电池前期应用的放电率、放电时间等因素以及电池老化程度、应用环境等多种因素影响，所以，在准确估算上存在一定的困难。

3. 内阻参数

电流通过电池内部时受到阻力，使电池的工作电压降低，该阻力称为电池内阻。由于电池内阻的作用，电池放电时端电压低于电动势和开路电压，充电时充电的端电压高于电动势和开路电压。电池内阻是化学电源的一个极为重要的参数，它直接影响电池的工作电压、工作电流、输出能量与功率等，对于一个实用的化学电源，其内阻越小越好。

电池内阻不是常数，它在放电过程中随活性物质的组成、电解液浓度和电池温度以及放电时间而变化。电池内阻包括欧姆内阻(R_Ω)和电极在化学反应时所表现出的极化内阻(R_f)，两者之和称为电池的全内阻(R_W)。

$$R_W = R_\Omega + R_f$$

电池内阻较小，在许多情况下常常忽略不计，但电动汽车用动力电池常常处于大电流、深放电工作状态，内阻引起的压降较大，此时内阻对整个电路的影响不能忽略。

对应于电池内阻的构成，电池产生极化现象有三个方面的原因。

(1)欧姆极化充放电过程中，为了克服欧姆内阻，外加电压就必须额外施加一定的电压，以克服阻力，推动离子迁移。该电压以热的方式转化给环境，出现所谓的欧姆极化。随着充电电流急剧加大，欧姆极化将造成蓄电池在充电过程中温度升高。

(2)浓差极化电流流过蓄电池时，为了维持正常的反应，最理想的情况是电极表面的反应物能及时得到补充，生成物能及时离去。实际上，生成物和反应物的扩散速度远远比不上化学反应速度，从而造成极板附近电解质溶液浓度发生变化。也就是说，从电极表面到中部溶液，电解液浓度分布不均匀，这种现象称为浓差极化。

(3)电化学极化。

电化学极化是由于电极上进行的电化学反应的速度落后于电极上电子运动的速度造成的。与放电前相比，电极表面所带负电荷数目减少了，与此对应的电极电势变正，也就是电化学极化电压变高，从而严重阻碍了正常的充电电流。同理，电池正极放电时，电极表面所带正电荷数目减少，电极电势变负。

4. 能量与能量密度

电池的能量是指电池在一定放电制度下，电池所能释放出的能量，通常用Wh或kWh表示。电池的能量分为理论能量和实际能量。

理论能量:假设电池在放电过程中始终处于平衡状态,其放电电压保持电动势的数值,而且活性物质的利用率为100%,即放电容量为理论容量,则在此条件下电池所输出的能量为理论能量。

实际能量:实际能量是指电池放电时实际输出的能量。在实际工程应用中,作为实际能量的估算,也常采用电池组额定容量与电池放电平均电压的乘积进行电池实际能量的计算。

由于活性物质不可能完全被利用,电池的工作电压总是小于电动势,所以电池的实际能量总是小于理论能量。

电池的能量密度是指单位质量或单位体积的电池所能输出的能量,相应地称为质量能量密度(Wh/kg)或体积能量密度(Wh/L),也称质量比能量或体积比能量。在电动汽车应用方面,蓄电池质量能量密度影响电动汽车的整车质量和续驶里程,而体积能量密度影响到蓄电池的布置空间。因而能量密度是评价动力电池能否满足电动汽车应用需要的重要指标。同时,能量密度也是比较不同种类和类型电池性能的一项重要指标。能量密度也分为理论能量密度和实际能量密度。

理论能量密度对应于理论能量,是指单位质量或单位体积电池反应物质完全放电时理论上所能输出的能量。

实际能量密度对应于实际能量,是单位质量或单位体积电池反应物质所能输出的实际能量,由电池实际输出能量与电池质量(或体积)之比来表征。

由于各种因素的影响,电池的实际能量密度远小于理论能量密度。

动力电池在电动汽车的应用过程中,由于电池组安装需要相应的电池箱、连接线、电流电压保护装置等元器件,因此,实际的电池组比能量小于电池比能量,电池组比能量是电动汽车应用中更加重要的参数之一。电池比能量与电池组比能量之间的差距越小,电池的成组设计水平越高,电池组的集成度越高。因此,电池组的质量比能量常常成为电池组性能的重要衡量指标。一般而言,电池组的质量比能量比电池比能量低20%以上。

5. 功率与功率密度

电池的功率是指电池在一定的放电制度下,单位时间内电池输出的能量,单位为瓦(W)或千瓦(kW)。

单位质量或单位体积电池输出的功率称为功率密度,又称比功率,单位为kW/kg或W/g。功率密度的大小可直接表征电池所能承受的工作电流的大小。电池功率密度大,表示它可以承受大电流放电。功率密度是评价电池及电池组是否满足电动汽车加速和爬坡能力的重要指标。

对电化学动力电池,功率和功率密度与动力电池的放电深度密切相关。因此,在表示动力电池功率和功率密度时还应该指出动力电池的放电深度。

6. 荷电状态

电池荷电状态描述了电池的剩余电量,是电池使用过程中的重要参数,此参数与电池的充放电历史和充放电电流大小有关。

荷电状态值是个相对量,一般用百分比的方式来表示,SOC的取值为$0 \leqslant SOC \leqslant 100\%$。目前较统一的是从电量角度定义SOC,如美国先进电池联合会(USABC)在其《电动汽车电池实验手册》中定义SOC为:电池在一定放电倍率下,剩余电量与相同条件下额定容量的比值。

由于 SOC 受充放电倍率、温度、自放电、老化等因素的影响，实际应用中要对 SOC 的定义进行调整。

7. 放电深度

放电深度（DOD）是放电容量与额定容量之比的百分数，与 SOC 之间存在如下数学计算关系：

$$DOD = 1 - SOC$$

放电深度的高低对二次电池的使用寿命有很大的影响，一般情况下，二次电池常用的放电深度越深，其使用寿命就越短，因此在电池使用过程中应尽量避免二次电池深度放电。

8. 循环使用寿命

动力电池单体在充放电循环使用过程中，由于一些不可避免的副反应的存在，电池可用活性物质逐步减少，性能逐步退化。其退化程度随着充放电循环次数的增加而加剧，其退化速度与动力电池单体充放电的工作状态和环境有着直接的联系。

动力电池的循环使用寿命是评价蓄电池使用技术经济性的重要参数。蓄电池经历一次充电和放电，称为一次循环，或者一个周期。在一定放电制度下，二次电池的容量降至某一规定值之前，电池所能耐受的循环次数，称为蓄电池的循环寿命或使用周期。各类电池的循环寿命都有差异，即使同一系列、同一规格的产品，循环寿命也可能有很大差异，目前常用的蓄电池中，锌银蓄电池的循环寿命最短，一般只有 30 ~ 100 次；铅酸蓄电池的循环寿命为 300 ~ 500 次；锂离子电池的使用周期较长，循环寿命可达 1000 次以上。

随着充放电循环次数的增加，电池容量衰减是个必然的过程。这是因为在充放电循环过程中，电池内部会发生一些不可逆的过程，引起电池放电容量的衰减。

影响动力电池寿命的因素主要包括充放电速率、充放电深度、环境温度、存储条件、电池维护过程、电流波纹以及过充电量和过充频度等。电池成组应用中，动力电池单体不一致性、单体所处温区不同、车辆的振动环境等都会对电池寿命产生影响。

9. 自放电率

自放电率是电池在存放时间内，在没有负荷的条件下自身放电，使得电池的容量损失的速度，自放电率采用单位时间（月或年）内电池容量下降的百分数来表示。

自放电率通常与时间和环境温度有关，环境温度越高自放电现象越明显，所以电池久置时要定期补电，并在适宜的温度和湿度下储存。

10. 不一致性

电池不一致性是指同一规格、同一型号的单体电池组成电池组后，在电压、内阻及其变化率、荷电量、容量、充电接受能力、循环寿命、温度影响、自放电率等参数方面存在的差别。在现有的电池技术水平下，电动汽车必须使用多块单体电池构成的电池组来满足使用要求。由于不一致性的影响，动力电池组在电动汽车上使用的性能指标往往达不到单体电池原有水平，使用寿命可能缩短数倍甚至十几倍，严重影响电动汽车的性能和应用。

电池不一致性产生的原因有：

（1）在制造过程中，由于工艺上的问题和材质的不均匀，使得电池极板活性物质的活化程度和厚度、微孔率、连条、隔板等存在很微小的差别，这种电池内部结构和材质上的不完全一致性，就会使同一批次出厂的同一型号电池的容量、内阻等参数不可能完全一致。

(2)在装车使用时，由于电池组中各个电池的温度、通风条件、自放电程度、电解液密度等差别的影响，在一定程度上增加了电池电压、内阻及容量等参数的不一致性。

11. 成本

电池的成本与电池的技术含量、材料、制作方法和生产规模有关，目前新开发的高比能量、高比功率的电池，如锂离子电池成本较高，使得电动汽车的造价也较高。开发和研制高效、低成本的电池是电动汽车发展的关键。

电池成本一般以电池单位容量或能量的成本进行表示，单位为 Ah 或 kWh，以方便对于不同类型或同类型不同生产厂家、不同型号的电池进行比较。

12. 放电制度

放电制度就是电池放电时所规定的各种条件，主要包括放电速率(电流)、终止电压和温度等。

(1)放电电流。

放电电流是指电池放电时的电流大小。放电电流的大小直接影响到电池的各项性能指标，因此，介绍电池的容量或能量时，必须说明放电电流的大小，指出放电的条件。放电电流通常用放电率表示，放电率是指电池放电时的速率，有时率和倍率两种表示形式。

时率是以放电时间(h)表示的放电速率，即以一定的放电电流放完额定容量所需的时间，常用 C/n 来表示，其中，C 为额定容量，n 为一定的放电电流。时率也叫作小时率，例如，电池的额定容量为 50Ah，以 5A 电流放电，则时率为 50Ah/5A = 10h，称电池以 10 小时率放电。从计算方法可见，放电率所表示的时间越短，所用的放电电流越大；放电率所表示的时间越长，所用的放电电流越小。

倍率实际上是指电池在规定的时间内放出其额定容量所输出的电流值，它在数值上等于额定容量的倍数。例如，3 倍率($3C$)放电，其表示放电电流的数值是额定容量数值的 3 倍，若电池的容量为 15Ah，那么放电电流应为 $3 \times 15 = 45$(A)。

习惯上称放电率在 $1/3C$ 以下为低倍率，$1/3C \sim 3C$ 为中倍率，$3C$ 以上则为高倍率。

(2)放电终止电压。

终止电压值与电池材料直接相关，并受到电池结构、放电率、环境温度等多种因素影响。一般来说，由于低温大电流放电时，电极的极化大，活性物质不能充分利用，电池的电压下降较快。因此，在低温或大电流(高倍率)放电时，终止电压可规定得低些。小电流放电时，电极的极化小，活性物质能够得到充分利用，终止电压可规定得高些。

除上述主要性能指标外，还要求电池无毒性，不对周围环境造成污染或腐蚀，使用安全，有良好的充电性能且充电操作方便，耐振动，无记忆性，对环境温度变化不敏感，易于调整和维护等。

四、动力电池的应用特点

动力电池最重要的特点就是高功率和高能量。高功率意味着更大的充放电强度，高能量表示更高的质量比能量和体积比能量。这两个指标的要求其实是矛盾的，为了提高功率也就要提高充放电电流,电池结构设计要求增大等效反应面积和减少接触阻抗,要求增大体积和质量,从而降低了比能量。动力电池系统设计需要按照最优化的整车设计应用指标设计电池系统。

从使用角度而言,动力电池的应用可以总结为以下 7 个特点。

(1)高能量。

高能量对于电动车辆而言,意味着更长的纯电动续驶里程。作为交通工具,续驶里程的延长可有效提升车辆应用的方便性和适用范围,因此,电动汽车对动力电池的能量密度的追求是永不会停下的。锂离子动力电池能够在电动车辆上广泛推广和应用,主要原因就是其能量密度是铅酸动力电池的 3 倍,并且还有继续提高的可能性。

(2)高功率。

车辆作为交通工具,追求高速化,也就是对于车辆动力性提出了高的要求;实现良好的动力性要求驱动电动机有较大的功率,进而要求动力电池组能够提供驱动电动机高功率输出,满足车辆驱动的要求。长期大电流、高功率放电对于电池的使用寿命和充放电效率会产生负面影响,甚至影响电池使用的安全性,因此,在功率方面还需要一定的功率储备,避免让动力电池在全功率工况下工作。

(3)长寿命。

现有铅酸动力电池使用寿命在深充深放工况下可以达到 400 次,锂离子动力电池可以达到 1000 次以上。据日本丰田公司报告,混合动力汽车用镍氢电池现在的使用寿命已经可以达到 10 年以上。动力电池长寿命,直接关系到动力电池的成本。车辆应用过程中电池更换的费用,是电动汽车使用成本的重要组成部分。在动力电池成组集成应用方面,考虑动力电池单体寿命的一致性以保证电池组的使用寿命与单体电池相近也是研究的主要内容之一。

(4)低成本。

动力电池的成本与电池的新技术含量、材料、制作方法和生产规模有关,目前新开发的高比能量的电池成本较高,使得电动汽车的造价也较高,开发和研制高效、低成本的动力电池是电动汽车发展的关键。

(5)安全性好。

动力电池为电动汽车提供了高达 300V 以上的驱动供电电压,可能危及人身安全和车载电器的使用安全。电安全是电动汽车区别于传统内燃机汽车的重要特点之一。除此之外,动力电池作为高能量密度的储能载体,自身也存在一定的安全隐患。以锂离子电池为例:

①充放电过程如果发生热失控反应,可能导致电池短路起火,甚至产生爆炸现象。

②锂离子电池采用的有机电解质,在 4.6V 左右易发生氧化,并且溶剂易燃,若出现泄漏等情况,也会引起电池着火燃烧、甚至爆炸。

③发生碰撞、挤压、跌落等极端的状况,导致电池内部短路,也会引起危险状况的出现。

基于上述原因,对于车用动力电池的检验非常严格,我国已经制订了动力电池及电池模块进行安全性检验的标准。对动力电池在高温、高湿、穿刺、挤压、跌落等极端状况进行检验,要求在这些状况下不发生动力电池的燃烧、起火现象。

(6)工作温度适应性强。

车辆应用一般不应受地域的限制,不同的空间和时间应用,需要车辆适应不同的温度。

仅以北京地区的车辆应用为例，北京夏季地表温度可达50℃以上，冬季可低至－15℃以下，在该温度变化范围内，动力电池应可以正常工作，因此，对于动力电池而言，需要动力电池具有良好的温度适应性。现在的动力电池系统设计，考虑到电池的温度适应性问题，一般都需要设计相应的冷却系统或加热系统来达到动力电池的最佳工作温度。

（7）可回收性好。

按照动力电池使用寿命的标准定义，电池在其容量衰减到额定容量的80%时，确定为动力电池寿命终结。随着电动汽车的大量应用，必然出现大量废旧动力电池的回收问题。对于动力电池的可回收性，在电化学性能方面，首先要求做到电池正负极及电解液等材料无毒，对环境无污染。其次是研究电池内部各种材料的回收再利用。对于动力电池的再利用，还存在梯次利用问题，即按照动力电池寿命标准，将达到额定容量80%以下而被淘汰的电池转移到对电池容量和功率要求相对较低的领域继续使用。

技能实训

自制生物蓄电池

（一）实训目标

（1）通过自己动手认识生物蓄电池的特性。

（2）探索生物蓄电池的无穷乐趣。

（二）实验设备

铜棒、锌棒、硫酸锌电解液、玻璃杯、顶部有两个开口的塑料杯盖、万用表、导线、发光二极管、镀锌钉、铜币（或铜导线）、柠檬或土豆等。

（三）操作步骤及工作要点

（1）将铜棒和锌棒分别插入塑料玻璃杯盖的两个小孔。

（2）将硫酸铜溶液倒入玻璃杯，并盖上杯盖。

（3）用万用表测量铜棒和锌棒之间的电压。

（4）用导线连接铜棒、锌棒、发光二极管，观察发光二极管能否发出亮光，如果不能，检查线路连接并思考需要怎样做才能使其发光。

（5）用镀锌钉、铜币（或铜导线）和柠檬或（土豆）制作一个简易的水果电池。在柠檬的一侧切开一个小口，将铜币（或铜导线）插进去，然后将镀锌的钉子插入到柠檬的另外一边，用万用表测量柠檬电池的电压。如图2-8所示。

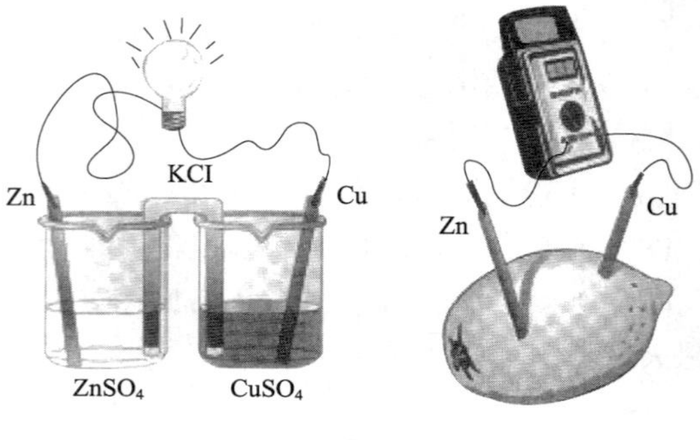

图2-8 生物蓄电池实训示意图

模块小结

(1)动力电池是混合动力汽车、电动汽车和燃料电池汽车所必备的车载储能式电源。

(2)电动汽车使用的动力电池可以分为化学电池、物理电池和生物电池三大类。

(3)化学电池按电解质分为酸性电池、碱性电池、中性电池、有机电解质电池、非水无机电解质电池、固体电解质电池等。

(4)物理电池是利用光、热、物理吸附等物理能量发电的电池,如太阳能电池、超级电容器飞轮电池等。

(5)生物电池是指将生物质能直接转化为电能的装置。常见的生物电池有微生物电池、酶电池、生物太阳电池等。

(6)动力电池的基本参数有:电压参数、容量参数、内阻参数、能量与能量密度、功率与功率密度、荷电状态、放电深度、使用寿命、自放电率、不一致性、成本、放电制度等。

(7)动力电池最重要的特点就是高功率和高能量。高功率意味着更大的充放电强度,高能量表示更高的质量比能量和体积比能量。

思考与练习

(一)填空题

1. 电池在放电时,在电池内部,在电池发生________反应并失去电子的电极为正极,获得电子的电极为________极。

2. 化学电池按工作性质分为________、________、燃料电池和________四种。

3. 电池在一定的放电条件下所能放出的电量称为________,以 C 表示。

4. 影响动力电池寿命的因素主要包括充放电速率、________、________、存储条件、电池维护过程、电流波纹以及过________和过充频度等。

(二)判断题

1. 燃料电池系统的燃料—电能转换效率在70% ~80%。 ( )

2. 电池端电压等于电池的电动势。 ( )

3. 电池内阻不一致使得电池组中每个单体在放电过程中热损失的能量各不一样,最终会影响电池单体能量状态。 ( )

4. 充放电过程如果发生热失控反应,可能导致电池短路起火,甚至产生爆炸现象。 ( )

5. 动力电池小电流放电时,电极的极化小,活性物质能够得到充分利用,终止电压可规定得高些。 ( )

(三)简答题

1. 燃料电池有什么特点?
2. 电池产生极化现象的原因有哪些?
3. 电池不一致性产生的原因是什么?
4. 简述动力电池的应用特点。

模块三 铅酸动力电池

学习目标

1. 熟悉铅酸动力电池的结构；
2. 理解铅酸动力电池的基本工作原理；
3. 了解铅酸动力电池的性能参数和特性；
4. 了解铅酸动力电池的应用。

建议课时：4 课时。

铅酸动力电池广泛用作内燃机汽车的起动动力源。电动汽车的铅酸动力电池主要用于给电动汽车提供动力，它的主要发展方向是提高比能量，延长循环使用寿命。

一、铅酸动力电池的结构与特点

（一）铅酸动力电池的结构

铅酸动力电池由 3 只或 6 只单格电池串联而成，每只单格电池电压约为 2 V，串联成 6 V 或 12 V 以供汽车选用，如图 3-1 所示。铅酸动力电池主要由极板、隔板、电解液、外壳、连条和极柱等组成，铅酸电池在外形上各异，但主要构成部件相似。

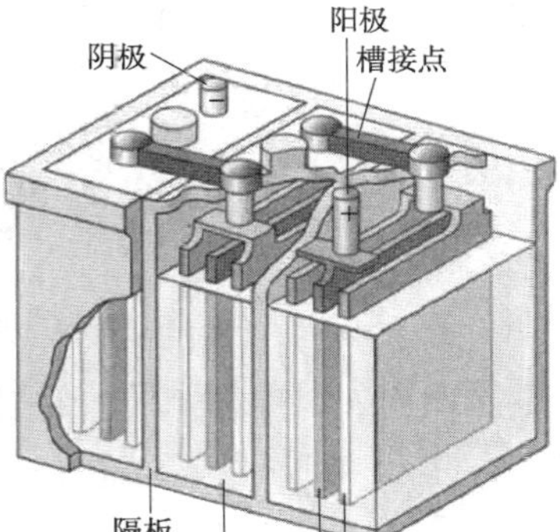

图 3-1　铅酸动力电池构造

正负极板是动力电池的核心部件，是动力电池的“心脏”，分为正极和负极。正极活性物质主要成分为二氧化铅，负极活性物质主要成分为铅。

隔板是由微孔橡胶、玻璃纤维等材料制成的，新型隔板由聚丙烯、聚乙烯等制成，其主要作用是防止正、负极板短路，使电解液中正、负离子顺利通过，延缓正、负极板活性物质的脱落，防止正、负极板因振动而损伤。因此，要求隔板要孔率高、孔径小、耐酸、不分泌有害物质。

电解液是动力电池的重要组成部分,是由浓硫酸和净化水配置而成的,它的作用是传导电流和参加电化学反应。电解液的纯度和密度对电池容量和寿命有重要影响。

电池壳、盖是安装正、负极板和电解液的容器,应该耐酸、耐热、耐振。壳体多采用硬橡胶或聚丙烯塑料材料制成,为整体式结构,底部有凸起的肋条以搁置极板组。

排气栓一般由塑料材料制成,对电池起密封作用,阻止空气进入,防止极板氧化。可以将充电时电池内产生的气体排出电池,避免电池产生危险。

除上述部件外,铅酸电池单体内还有连条、极柱、液面指示器等零部件。

上述电池构造构成一个电池单体。为了增加铅酸电池的容量,一般由多块极板组成极群,即多块正极板和多块负极板分别用连接条焊接在一起,共同组成电池组。传统内燃机汽车用的12V 铅酸起动电池就是由 6 个独立的铅酸电池单体组成的。

(二)铅酸动力电池特点

1. 优点

铅酸动力电池技术成熟、专业化程度高、工艺成熟、可靠性高、价格较便宜。目前,我国在各种小型电动汽车、电动工具车、电动自行车、电动摩托车、电动清扫车等电动车辆上广泛地应用铅酸电池。

2. 缺点

(1)性能较差。

铅酸电池的比能量和比功率较低、体积大、质量大,因此,降低了电动汽车的动力性能,且在电动汽车上布置也较困难。铅酸电池的充电时间长,过充、过放性能较差,自放电较大,使用寿命较短,影响了电动汽车的机动性,增加了使用成本。

(2)含有重金属。

在铅酸电池中,大量使用铅,以及少量的锑、砷、镉等重金属。在铅酸电池制造过程中,铅粉微粒,铅极板涂膏,悬浮的铅烟雾,都会对人体造成严重的毒害。在铅酸电池中,锑(Sb)会与氢(H_2)发生反应,形成 SbH_3,长期接触 SbH_3 会发生头痛、贫血等病症。废旧铅酸电池中的重金属如果不能集中处理,会对土壤、环境造成污染。

二、铅酸动力电池的工作原理

铅酸动力电池的工作原理就是化学能与电能的相互转化。当铅酸电池将化学能转化为电能而向外供电时,称为放电过程;当铅酸电池与外界直流电源相连而将电能转化为化学能储存起来时,称为充电过程。

当电池充满电时,正极板活性物质为二氧化铅(PbO_2),负极板的活性物质为海绵状纯铅(Pb);放电时,正、负极板的活性物质都逐渐变为硫酸铅 $PbSO_4$,消耗电解液中的硫酸而产生水。铅酸动力电池工作原理如图 3-2 所示。

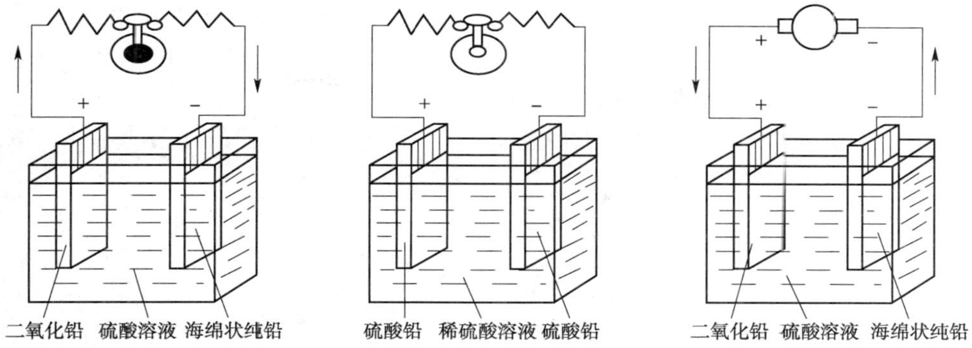

a)放电开始　　b)放电结束　　c)充电结束

图 3-2　铅酸动力电池工作原理

三、铅酸蓄电池的性能及影响因素

(一)铅酸蓄电池的性能

1. 充电特性

恒流限压法作为铅酸电池最为常用的充电方法，无论是对于铅酸电池单体还是铅酸电池构成的电池组，在工程实践中都有最为广泛的应用。下面以某额定容量 85Ah 铅酸电池为例进行说明，电池性能参数见表 3-1。

额定容量 85Ah 铅酸电池性能参数　　表 3-1

额定电压	额定容量	外形尺寸	质　量	功率密度
12V	85Ah	768mm × 128mm × 121mm	26kg	380W/kg

充电分为三个阶段，分别为充电初期、充电中期和充电末期。电池组中单电池充电曲线如图 3-3 所示：在充电第二阶段完成后，电池已经基本达到 SOC＝100%，第三阶段充电属于对电池的维护性充电，以提高电池组的使用性能为目的。

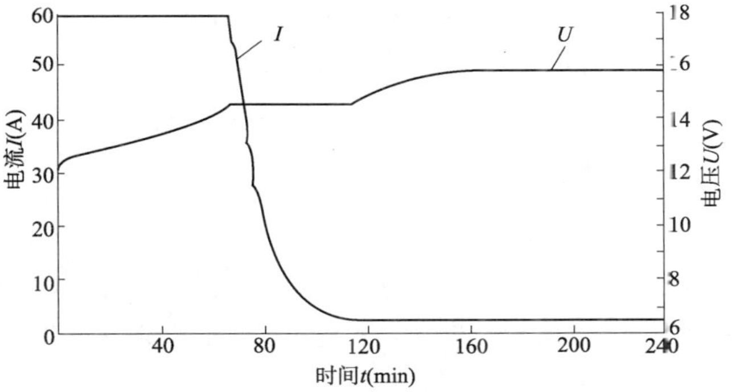

图 3-3　电池组中单电池充电曲线

将该实际充电过程用电压变化曲线进行抽象，如图 3-4 所示。

可以看出，充电初期电池的端电压上升很快，如图 3-4 中曲线 oa 段。这是因为充电开始时电池两极的硫酸铅分别转变为二氧化铅和铅，同时生成硫酸，极板表面和活性物质微孔内的硫酸浓度骤增，又来不及向极板外扩散，电池的电动势迅速升高，所以端电压也急剧上升。充电中期，如图3-4中曲线 ab 段，由于电解液的相互扩散，极板表面和活性物质微孔内硫酸浓度增加的速度和向外扩散的速度逐渐趋于平衡，极板表面和微孔内的电解液浓度不再急剧上升，端电压比较缓慢地上升。

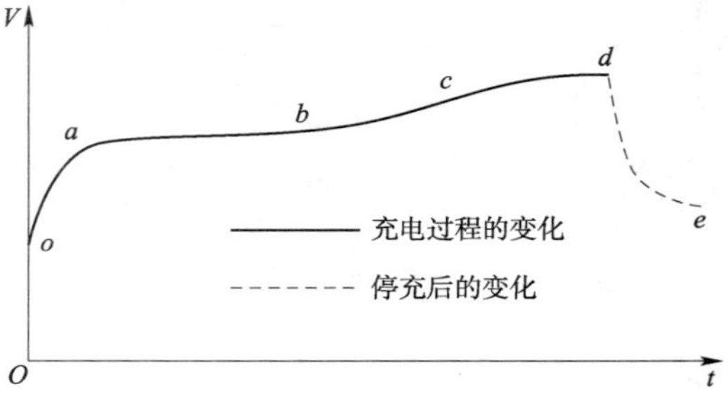

图3-4　电压变化曲线

这样，随着充电的进行，活性物质逐步转化为二氧化铅和铅，孔隙逐渐扩大，孔率增加。至图3-4中 b 点（此时单体端电压约2.3V）时，活性物质已大部分转化为二氧化铅和铅，极板上所余硫酸铅不多，如果继续充电，则会大量电解水，开始析出气体。由于部分气体吸附在极板表面来不及释放，增加了内阻并造成正极电极电位升高，因此，电池端电压又迅速上升，如图3-4中曲线 bc 段。当充电达到图3-4中曲线 cd 段时，因为活性物质已全部还原为充足电时的状态，水的分解也渐趋饱和，电解液剧烈沸腾，而电压则稳定在2.7V左右，所以充电至图3-4中 d 点即应结束。以后无论怎样延长充电时间，端电压也不再升高，只是无谓地消耗电能进行水的电解。如果在图3-4中 d 点停止充电，端电压迅速降低至2.3V。

在铅酸电池充电后期，即到达图3-4中 b 点以后，电解水的化学反应为：

$$2H_2O = O_2 + 4H^+ + 4e^-$$

但在密封铅酸电池中，气体在达到一定压力之前，不会从电池放气阀析出。氧气在负极可以与活性物质海绵状铅（充电状态）及硫酸反应，使部分活性物质转变成硫酸铅（放电状态），同时抑制了氢气的产生。反应方程式如下：

$$2Pb + O_2 = 2PbO$$

$$PbO + H_2SO_4 = PbSO_4 + H_2O$$

与氧气反应而变成放电状态的硫酸铅经过继续充电，又可以恢复到充电状态（海绵状铅）。

$$PbSO_4 + 2H^+ + 2e^- = Pb + H_2SO_4$$

上述反应，在充放电过程中，水的分解和合成过程同时进行，若控制充电电流在一个恰当的范围内，可以使上述反应处于平衡状态，从而使电池没有气体析出。在这个过程的进行中，被氧化的铅和电池中硫酸铅结晶活性得以恢复，电池组中未充满电，电池充电过程得以继续，因此对电池组性能的稳定起到了重要作用。

2. 放电特性

图3-5是固定放电电流下电池端电压与放电时间的示意图。从图3-5中可以看出，在大部分放电过程中，电池端电压是稳定下降的，说明电池释放的能量与电池端电压的降低量间

存在一定的关系。但到了放电末期,出现一个转折电压,此时电池端电压急剧下降,表现为放电曲线斜率显著增加。这是因为电解液中,硫酸的浓度已经很低,电解液扩散到极板的速度不及放电的速度,在电解质不足的情况下,极板的电动势急剧降低,造成电池端电压的下降,此时应停止放电,否则会造成电池的过度放电。过放电会致使电池内部大量的硫酸铅被吸附到蓄电池的阴极表面,造成电池阴极“硫酸盐化”。由于硫酸铅是一种绝缘体,它的形成必将对蓄电池的充、放电性能产生很大的负面影响,因此在阴极上形成的硫酸盐越多,蓄电池的内阻也越大,电池的充、放电性能就越差,从而使蓄电池的寿命缩短。

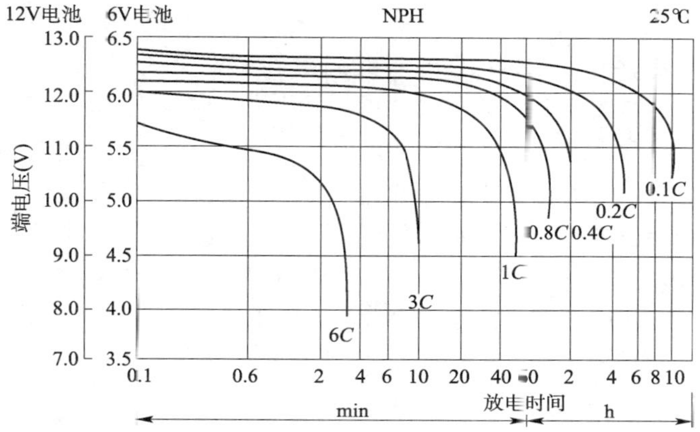

图 3-5　电池端电压与放电时间示意图

3. 自放电性能

(1)正极自放电。

正极自放电是由于在放置期间,正极活性物质发生分解,形成硫酸铅并伴随着氧气析出,发生逆反应。同时,如果正极板栅中含有锑或银,正极的自放电也有可能由局部电池反应引起。

在电极的上端和下端以及电极的孔隙和电极的表面处酸的浓度不同,因而电极内外和上下形成了浓差电池。处在较稀硫酸区域的二氧化铅为负极,进行氧化过程而析出氧气;处在较浓硫酸区域的二氧化铅为正极,进行还原过程,二氧化铅还原为硫酸铅。这种浓差电池在充电终了的正极和放电终了的正极都可形成,因此都有氧气析出。但是在电解液浓度趋于均匀后,浓差消失,由此引起的自放电也就停止了。

正极自放电的速度受板栅合金组成和电解液浓度的影响,对应于硫酸浓度出现不同的极大值。一些可变价态的盐类,如铁、铬、锰盐等,它们的低价态可以在正极被氧化,同时二氧化铅被还原;被氧化的高价态可通过扩散到达负极,在负极上进行还原过程;同时负极活性物质铅被氧化,还原态的离子又通过扩散、对流达到正极重新被氧化。如此反复循环。因此,可变价态的少量物质的存在可使正极和负极的自放电连续进行,因此,在电解液中一定要防止其他盐类杂质的存在。

(2)负极自放电。

蓄电池在开路状态下,铅的溶解导致容量损失,与铅溶解的共轭反应通常是溶液中 H^+ 的还原过程。该过程的速度与硫酸的浓度、储存温度、所含杂质和膨胀剂的类型有关。

溶解于硫酸中的氧也可以发生铅自溶的共轭反应,在电池中负极自放电,反应过程受限于氧的溶解与扩散。

(二)影响铅酸动力电池性能的因素

1. 温度对铅酸电池性能的影响

铅酸电池在充电和放电时都伴随有热效应。电池热效应可以分为两部分。

一部分是产生焦耳热,为克服电池极化和欧姆内阻而产生的电压降,损失的电能将全部转化为热量。

另一部分是根据热力学第二定律的放热或吸热。由此理论,电池放电时为吸热,充电时为放热。由于有焦耳热存在,在放电时电解液温度并不会真正降低,并且随放电过程的进行,电池内阻增加,电池温度会逐步增加;充电时两种热效应叠加,电池温度也会升高。

温度对蓄电池的容量和电动势影响很大,电解液温度高时扩散速度增加、电阻降低,其电池电动势也略有增加,因此铅酸电池的容量及活化物质利用率随温度的增加而增加。反之,电解液温度降低时,其黏度增大,使离子运动受到较大阻力,扩散能力降低。在低温下电解液的电阻也增大,电化学反应的阻力增加,结果导致蓄电池容量下降。

图 3-6 是 85Ah 铅酸电池在不同温度下以 0.3C 放电的放电曲线。从中可以验证,随温度降低,电池可放出容量降低,0℃与 25℃相比,电池可放出能量降低约 10%。

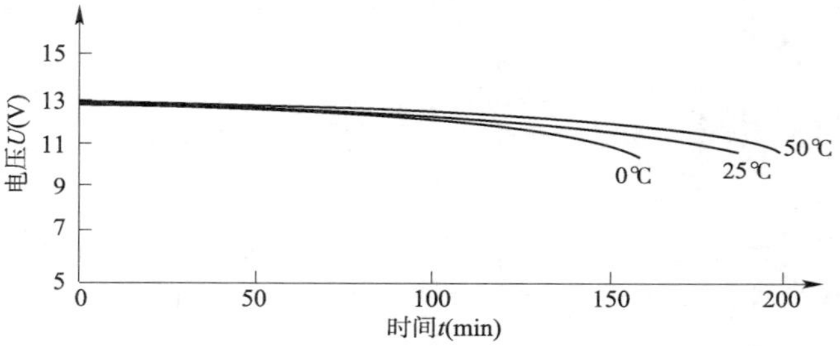

图 3-6　85Ah 铅酸电池在不同温度下以 0.3C 放电的放电曲线

2. 放电深度对性能的影响

铅酸电池在不同放电深度下,电池充电接受能力有很大的差别。这种差别直接反映为充电过程中恒流充电时间的变化。

电流充电时间曲线如图 3-7 所示。可以看出充电曲线形状基本相同,仅在恒流充电时间上存在差别。放电深度大,恒流充电时间长,反之,放电深度小,恒流充电时间短。

在电池不同的放电深度反映电池使用性能的参数主要有电池放电功率和内阻两项,分别代表电池的输出能力和自身能量消耗情况。按照电池内阻构成情况分析,电池内阻随电池状态的改变而改变。图 3-8 是 85Ah 铅酸电池在环境温度 25℃的情况下,测量的电池最大放电功率和内阻随放电深度的变化情况。可以看出,电池内阻在放电深度小于 80% 时,内阻处于逐步上升趋势,但总体变化不大;放电深度大于 80% 时,内阻急剧增加。最大放电功率在 放电深度 10% 时达到最大值,相应电池内阻为最小值。因为此时电池放电电压没有明显降低,但放电过程使电池温度升高,内阻减小,电池处于最佳放电状态。之后随放电过程的进行,电池存储能量降低,电池最大放电功率随之降低,在放电深度大于 80% 后,最大放电功率降低明显。

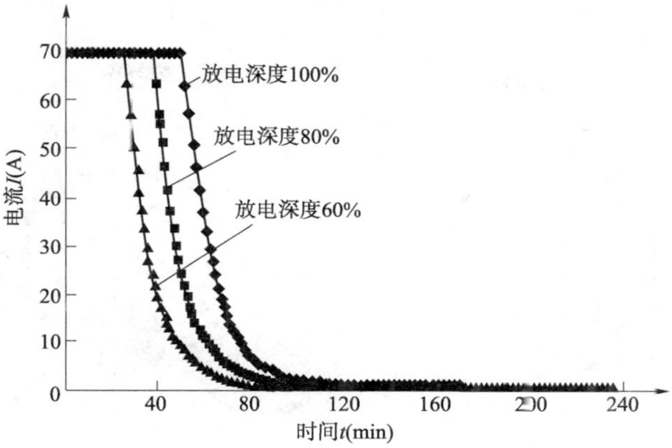

图 3-7 85Ah 铅酸电池在不同放电深度下电流充电时间曲线

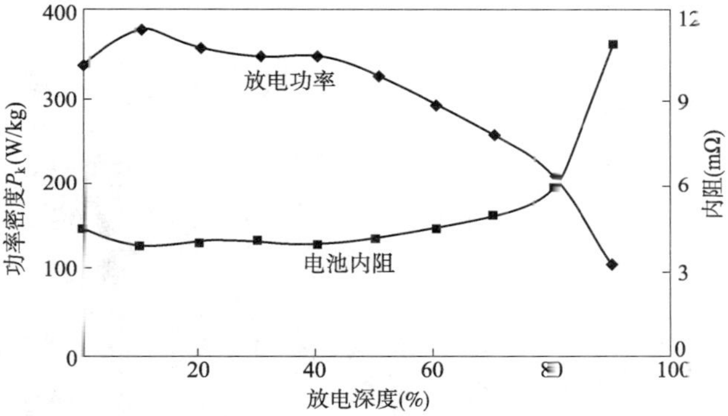

图 3-8 不同放电深度铅酸电池性能参数的变化

四、铅酸动力电池的应用

铅酸动力电池在很多工业领域有广泛的应用，如汽车、摩托车的起动，点火、照明，通信行业、电力工业的后备电源，铁路内燃机车的牵引电池等。特别是阀控式密封铅酸动力电池的出现，由于其良好的密封性、不漏液及相对传统开口式电池有较高的能量密度，更因其性价比优势和安全性，成为车载动力的首选。动力电池已广泛应用于高尔夫车、家庭割草机、电动自行车、电动摩托车、轻型电动车和混合动力汽车等。

(一)电动自行车

电动自行车(图 3-9)具有骑行简便、速度快于普通自行车和省时、省力的特点。

电动自行车是我国常用的代步工具之一，电池的好坏决定电动自行车业能否走向成熟并保持稳定的发展。阀控式铅酸动力电池(VRLA 电池)的出现给电动车行业带来了生机。20 世纪 80 年代，VRLA 电池在我国通信行业得到成功应用，称为工业电池。20 世纪 90 年代末，我国一些企业和高校开始研究将 VRLA 电池作为动力电源应用在电动自行车上并获得成功,作为民用电池被广大用户所接受。电动车采用 VRLA 电池作为电源是首选的方案,主要是因为 VRLA 电池价格低、安全、铅的回收率高等。

图 3-9　电动自行车

目前电动自行车采用的动力电池 99% 是 VRLA 电池,极少采用 MH-Ni 电池和锂离子电池。

(二)电动特种车

电动特种是制造工厂、物流中心等作为搬运产品的常用运输工具,主要采用富液管式铅酸蓄电池或胶体 VRLA 电池作为动力电源,具有无污染、无噪声的优点(图 3-10)。

(三)低速电动汽车

低速电动汽车是指速度低于 70km/h 的简易四轮纯电动汽车。一般最高速度为 70km/h,而外形、结构、性能与燃油汽车类似(图 3-11)。

图 3-10　电动特种车

图 3-11　低速电动汽车

低速电动四轮车并非以传统轿车为原型,而是多以高尔夫球车等为原型发展而来。由于目前国内还没有出台这类车型的标准,因此国内生产厂家们大都参考欧盟、日本等国的标准设计,即同时满足车身尺寸小、车身质量轻、最高时速低等条件。

欧盟规定:在不含电池的前提下,小型低速电动四轮车的质量不能超过 400kg,微型低速电动四轮车不能超过 350kg。这类车型在欧洲不必参加 NCAP 碰撞测试,不必安装气囊,但需要满足对轮胎、喇叭、后视镜、安全带、灯具等部件的要求。

日本规定:低速电动四轮车的最高时速应不超过 50km;车身长度不超过 3400mm,车身宽度不超过 1300mm。

欧盟、日本等对低速电动四轮车进行单独管理：这类车使用的是区别于传统汽车的牌照，车主可享受购车补贴、免年检及过路等费用的优惠政策。在欧洲，一些国家已经为低速车型专门划分了行驶道路。

(四)纯电动乘用车

美国 GM 公司于 1997 年推出的 EV-1 计划就是采用 VRLA 电池作为动力电源。EV-1(图 3-12)车身结构采用玻璃纤维制成，以 32 块铅酸电池作为主能源，车体自重 1000kg，由两台 42kW 三相感应电机驱动。EV-1 的最高时速可达到 128km，从静止加速到 96km/h 的时间小于 9s，一次充电可以行驶 144km，为 20 世纪 90 年代电动车的经典之作。

图 3-12 EV-1 电动汽车

(五)混合电动车

混合电动车采用 36V 电池和现在汽车用 12V 电池有本质的区别，现在车用 12V 电池的功能只是燃油汽车的起动、照明和点火，而采用 36V 电池的汽车，已经是一种微混合的混合电动车，电池不仅起到燃油发动机的起动、点火和照明作用，还有直流电动系统的动力电源、制动时能源的回收储存，因此又是汽车的动力电池。国外已经开发的 36V 电池，主要是阀控式密封铅酸动力电池。日本 GS 公司开发的 36V 阀控式密封铅酸动力电池，采用了 2×9 单体的电池结构以及改性的 AGM 隔板，电池性能达到了 36V/42V 体系汽车的要求。

技能实训

铅酸蓄电池技术状况的检测

(一)实训目的

(1)了解蓄电池的检测仪器。

(2)掌握蓄电池的检测方法。

(二)实验设备

(1)蓄电池、电解液密度计、温度计、高率放电计、玻璃棒及玻璃管、盛水容器各若干。

(2)适量凡士林、润滑脂、蒸馏水、电解液、万用表。

(三)操作步骤及工作要点

1. 外部检查

(1)检查蓄电池封胶有无开裂和损坏，极桩有无破损，壳体有无泄漏，否则应修复更换。

(2)用温水清洗蓄电池外部的泥污,再用碱水清洗。

(3)疏通加液盖通气孔,用钢丝刷或极桩接头清洗器除去极桩和接头的氧化物,并涂一层薄薄的工业凡士林或润滑脂。

2. 电动势(开路电压)检测

若蓄电池刚充过电或车辆刚行驶过,应接通前照灯远光 30s,消除"表面充电"现象,然后熄灭前照灯,切断所有负载,用万用表测量蓄电池的开路电压,根据表 3-2 判断放电程度。

蓄电池电压与放电程度对照表 表 3-2

蓄电池开路电压(V)	≥12.6	12.4	12.2	12.0	≤11.7
高率放电计检测电压(V)	11.6~10.6	9.6~10.6		≤9.6	
高率放电计(100A)检测单格电压(V)	1.7~1.8	1.6~1.7	1.5~1.6	1.4~1.5	1.3~1.4
放电程度(%)	0	25	50	75	100

3. 电解液液面高度检测

如图 3-13 所示,用内径为 4~6mm、长度约 150mm 的玻璃管检测电解液液面高度。要求液面高出隔板上沿 10~15mm。对于半透明式蓄电池,液面应位于最高和最低液面计标记之间,液面过低时,应补加蒸馏水;液面过高时,应用密度计吸出部分电解液。

4. 电解液密度检测

电解液密度的大小是判断蓄电池容量的重要标志。测量蓄电池电解液密度时,蓄电池应处于稳定状态。蓄电池充、放电或加注蒸馏水后,应静置 0.5h 后再测量。

(1)用吸式密度计测量电解液密度,其测量过程如图 3-14 所示。

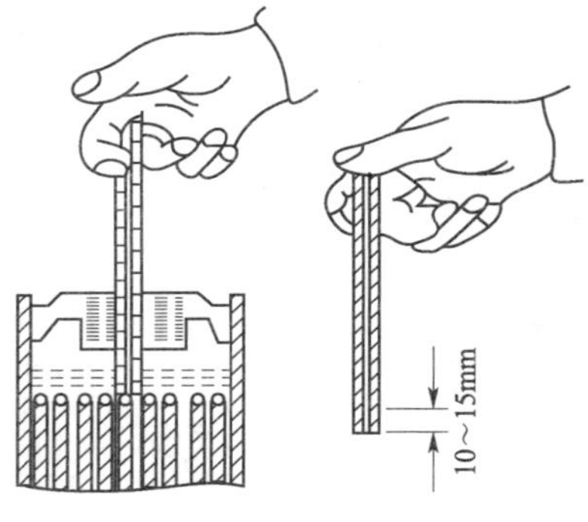

图 3-13 检查电解液液面高度

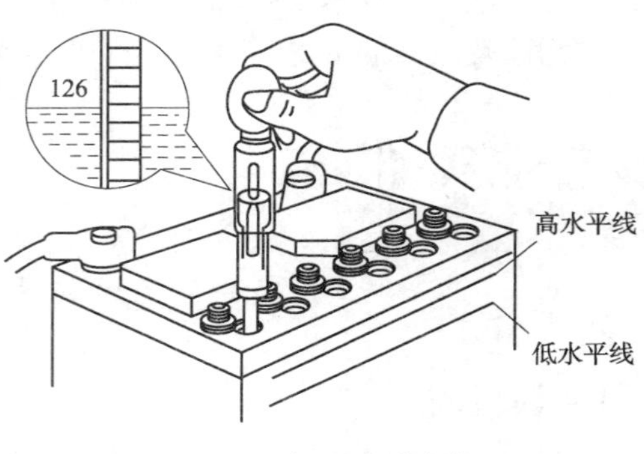

图 3-14 检查电解液密度

首先,捏住密度计的橡胶球,将密度计下端的吸管插入单格电池的加液孔内,慢慢放开橡胶球,使电解液吸入到玻璃管中,吸入的电解液的量以能使密度计浮子浮起而不住为宜。然后,使密度计的浮子浮在玻璃管的中央(不要与管壁接触),慢慢将密度计提出液面,密度计不要离开蓄电池加液孔上方,读出电解液密度值。要求读数时密度计刻度线与眼睛保持平齐,测得的密度值应换算至标准温度 25℃时的密度,同时测量电解液温度。

用吸式密度计依次检查每个单格的电解液密度,每单格密度差应小于 0.0259/cm^3,大于该值则说明蓄电池失效。对于免维护蓄电池,多数均设有内装式密度计(充电状态指示器),根据指示器的颜色判定。绿色表示充足电;当变为黑色和深绿色时,说明存电不足,应予以充电;当显示浅黄色或者无色透明时,必须更换蓄电池。

(2)放电程度的判断。电解液密度与放电程度的关系是 密度每下降0.019/cm^3相当于蓄电池放电6%。当判断蓄电池在夏季放电超过50%,冬季放电超过25%时,不宜再继续使用,应及时进行补充充电,否则会使蓄电池早期损坏。

5. 负荷试验检测

(1)高率放电计测试。

①对于只能检测单格蓄电池电压的普通高率放电计[图3-15a)],测量时将两个叉尖紧压在单格电池的正负极柱上,若电压稳定,根据表3-3判断放电程度;若在5s内电压迅速下降,或某一单格电池比其他单格要低0.1V以上时,则表示有故障。

②对于新式12V高率放电计,如图3-15b)所示。将两放电针压在蓄电池正负极桩上,保持5s,若电压稳定,根据表3-2判断放电程度;若电压迅速下降,说明蓄电池已损坏。

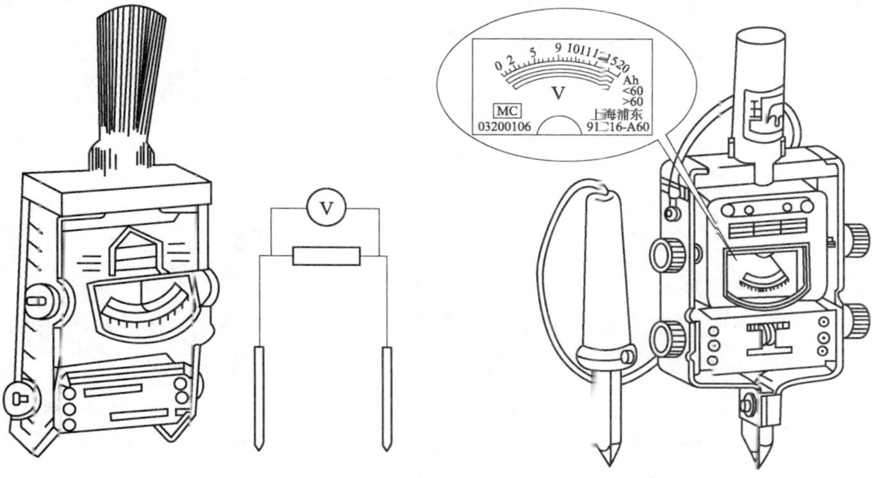

a)单格电池用高率放电计　　b)整体电池用高率放电计

图 3-15

(2)大负荷放电测试蓄电池端电压法。

使用SVAT-40型测试仪(图3-16)进行测试,方法如下:

将电阻旋钮旋至OFF(断开)挡,选择旋钮旋至A(安培)挡,顺时针方向旋转负载旋钮,直至仪表显示所需电流值,保持15s后,旋转选择旋钮至V(伏特)挡,观察电压表值。若电解液温度在21℃以上,电压大于9.6V,说明蓄电池良好;若电压低于9.6V,说明蓄电池亏电或存在故障。

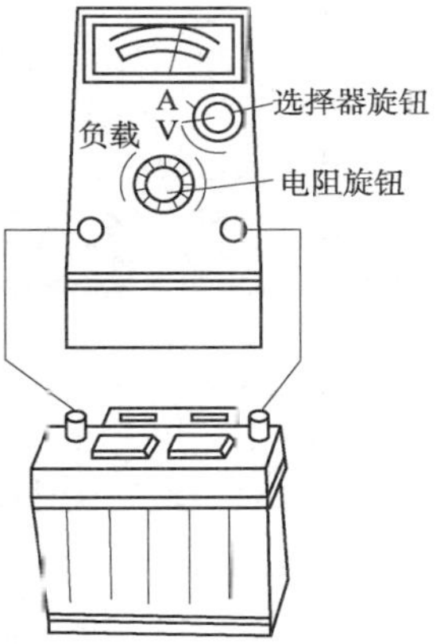

图3-16　SVAT-40型测试仪

(四)实训注意事项

(1)测密度和液面高度时注意不要将电解液落到地面和其他物面上。

(2)密度计、温度计、玻璃管用后立即用清水洗净放好,以免接触物受损和仪器损坏。

(3)用高率放电计测量电压时,接通时间不超过5s,以防止蓄电池长时间大电流放电。

(五)实训数据或现象记录、处理、分析(表3-3)

检测记录 表3-3

检查项目	技术要点	检查结果
外部检查	蓄电池封胶处有无开裂和损坏,极桩有无破损,壳体有无泄露	
电解液液面检查	液面是否在上、下刻度线之间	
电解液密度检测	电解液密度是否正常	
蓄电池电压	电压值是否在12V以上	
高率放电计指示值	是否在正常范围内	

模块小结

(1)铅酸蓄电池的正极主要成分为二氧化铅,负极主要成分为铅;放电状态下,其正、负极的主要成分均为硫酸铅。

(2)蓄电池的工作原理就是化学能与电能的相互转化。当蓄电池将化学能转化为电能而向外供电时,称为放电过程;当蓄电池与外界直流电源相连而将电能转化为化学能储存起来时,称为充电过程。

(3)恒流限压法作为铅酸电池最为常用的充电方法,无论是对于铅酸电池单体还是铅酸电池构成的电池组,在工程实践中都有最为广泛的应用。

(4)铅酸电池在充电和放电时都伴随有热效应。电池热效应可以分为两部分:一部分是产生焦耳热,为克服电池极化和欧姆内阻而产生的电压降,损失的电能将全部转化为热量;另一部分是根据热力学第二定律方程式放热或吸热。

(5)铅酸蓄电池作为动力电池,主要用于电动汽车、高尔夫车、电动叉车等。

思考与练习

(一)填空题

1. 填出图3-17中的标识。

2. 铅酸动力电池隔板由________、________等材料制成。

3. 铅酸电池将充电分为三个阶段:________、混合阶段和________阶段。

4. 在电池不同的放电深度反映电池使用性能的参数主要有________和________两项,分别代表电池的输出能力和自身能量消耗情况。

5. 目前国内外大多数采用________式铅酸电池和________式免维护铅酸电池。

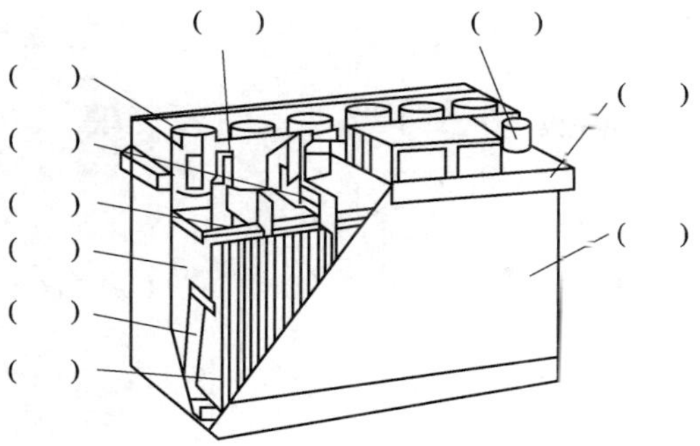

图　3-17

(二)判断题

1. 将铅酸电池的正负极板各插入一片到电解液中,即可获得12V的电动势。　(　　)
2. 在放电过程中,铅酸电池的放电电流越大,其容量就越大。　(　　)
3. 铅酸电池主要包括极板、隔板、电解液和外壳等。　(　　)
4. 铅酸电池极板硫化的原因主要是长期充电不足,电解液不足。　(　　)
5. 在定电压充电过程中,其充电电流也是定值。　(　　)
6. 铅酸电池可以缓和电气系统中的冲击电压。　(　　)
7. 在放电过程中,正负极板上的活性物质都转变为硫酸铅。　(　　)
8. 铅酸电池正极板上的活性物质是二氧化铅,负极板上的活性物质是海绵状纯铅。　(　　)

(三)简答题

1. 铅酸动力电池的工作原理是什么?
2. 汽车动力电池产生硫化的原因是什么?怎样才能避免硫化和解决硫化?
3. 影响动力电池容量的使用因素有哪些?应注意什么?
4. 影响铅酸动力电池性能的因素有哪些?

模块四　碱性动力电池

学习目标

1. 了解镍镉电池结构及储能原理；
2. 了解镍氢电池结构及储能原理；
3. 理解镍氢电池的工作特性；
4. 掌握镍氢电池在电动汽车上的应用。

建议课时：4 课时。

碱性蓄电池是以氢氧化钾（KOH）等碱性水溶液为电解液的二次电池的总称。

碱性蓄电池根据极板活性物质的材料不同，可分为锌银蓄电池、铁镍蓄电池、镍镉蓄电池等。一般情况下，电解液中的氢氧化钾不直接参与电极反应，这是碱性蓄电池有别于铅酸蓄电池的一大特点。相对于铅酸蓄电池，碱性蓄电池具有能量密度高、机械强度高、工作电压平稳、功率密度大的特点。

碱性电池包含的电池类型广泛，现阶段在电动车辆上应用最多的是镍氢电池。该种电池技术成熟、功率密度大、无记忆效应，是产业化生产的混合动力电动汽车用动力电池的主体。本模块将重点介绍镍氢电池的结构、工作原理、充放电特性以及基本特性。

一、镍镉电池

（一）镍镉电池的结构与特点

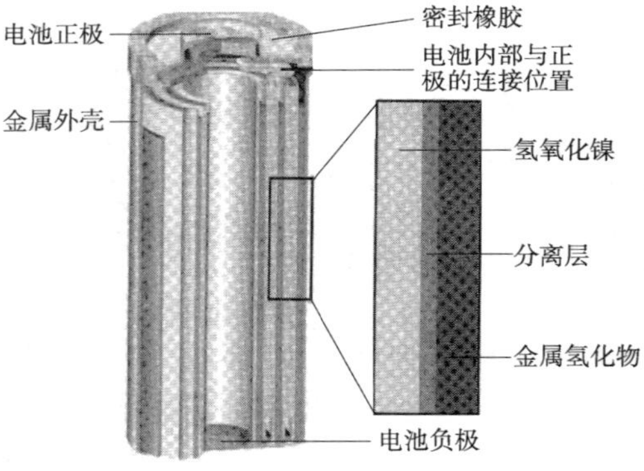

图 4-1　金属镍镉电池

镍镉电池因其碱性氢氧化物中含有金属镍和镉而得名。镍镉电池结构示意图如图 4-1 所示，主要由正极、负极、分离层、外壳、电解液等组成。电池正极是活性物质氢氧化镍，负极是储氢合金，用氢氧化钾作为电解质，在正、负极之间有分离层，分离层是隔膜纸，共同组成金属氢化物镍单体电池。在金属铂的催化作用下，完成充电和放电的可逆反应。在圆柱形电池中，正、负极用隔膜纸分开卷绕在一起，然后密封在金属外壳中。在方形电池中，正、负极由隔膜纸分开后叠成层状密封在外壳中。

电动汽车用镍镉蓄电池的基本单元是单体电池，按使用要求组合成不同电压和不同电荷量的金属镍镉电池蓄电池总成。

(二)镍镉蓄电池的工作原理

镍镉蓄电池的正极材料为氢氧化亚镍和石墨粉的混合物，负极材料为海绵状镉粉和氧化镉粉，电解液通常为氢氧化钠或氢氧化钾溶液。当环境温度较高时，使用密度为1.17～1.19g/cm^3(15℃时)的氢氧化钠溶液。当环境温度较低时，使用密度为1.19～1.21g/cm^3(15℃时)的氢氧化钾溶液。在－15℃以下时，使用密度为1.25～1.27 g/cm^3(15℃时)的氢氧化钾溶液。为兼顾低温性能和荷电保持能力，密封镍镉蓄电池采用密度为1.40g/cm^3(15℃时)的氢氧化钾溶液。

为了增加蓄电池的容量和循环寿命，通常在电解液中加入少量的氢氧化锂(大约每升电解液加15～20g)。镍镉蓄电池充电后，正极板上的活性物质变为氢氧化镍，负极板上的活性物质变为金属镉；镍镉蓄电池放电后，正极板上的活性物质变为氢氧化亚镍，负极板上的活性物质变为氢氧化镉。

1. 放电过程中的电化学反应

(1)负极反应。

负极上的镉失去两个电子后变成二价镉离子，然后与溶液中的两个氢氧根离子结合生成氢氧化镉，沉积到负极板上。

负极反应：$$Cd + 2OH^- = Cd(OH)_2 + 2e^-$$

(2)正极反应。

正极板上的活性物质是氢氧化镍晶体。镍为正三价离子，晶格中每两个镍离子可从外电路获得负极转移出的两个电子，生成两个二价离子。与此同时，溶液中每两个水分子电离出的两个氢离子进入正极板，与晶格上的两个氧负离子结合，生成两个氢氧根离子，然后与晶格上原有的两个氢氧根离子一起，与两个二价镍离子生成两个氢氧化亚镍晶体。

正极反应：$$2e^- + NiO_2 + 2H_2O = Ni(OH)_2 + 2OH^-$$

将两式相加，即得镍镉蓄电池放电时的总反应。

总反应：$$Cd + NiO_2 + 2H_2O = Cd(OH)_2 + Ni(OH)_2$$

2. 充电过程中的化学反应

充电时，将蓄电池的正、负极分别与充电机的正极和负极相连，电池内部发生与放电时完全相反的电化学反应，即负极发生还原反应，正极发生氧化反应。

(1)负极反应。

充电时负极板上的氢氧化镉，先电离成镉离子和氢氧根离子，然后镉离子从外电路获得电子，生成镉原子附着在极板上，而氢氧根离子进入溶液参与正极反应。

(2)正极反应。

在外电源的作用下，正极板上的氢氧化亚镍晶格中，两个二价镍离子各失去一个电子生成三价镍离子，同时，晶格中两个氢氧根离子各释放出一个氢离子，将氧负离子留在晶格上，释出的氢离子与溶液中的氢氧根离子结合，生成水分子。然后，两个三价镍离子与两个氧负离子和剩下的两个氢氧根离子结合，生成两个氢氧化镍晶体。

镍镉蓄电池充电时的电化学反应如下。

正极反应：$Ni(OH)_2 + 2OH^- = 2e^- + NiO_2 + 2H_2O$

负极反应：$Cd(OH)_2 + 2e^- = Cd + 2OH^-$

总反应：$Cd(OH)_2 + Ni(OH)_2 = Cd + NiO_2 + 2H_2O$

从上述电极反应可以看出，氢氧化钠或氢氧化钾并不直接参与反应，只起导电作用。从电池反应来看，充电过程中生成水分子，放电过程中消耗水分子，因此充、放电过程中电解液浓度变化很小，不能用密度计检测充放电程度。

（三）镍镉蓄电池的特性

1. 端电压

充足电后，立即断开充电电路，镍镉蓄电池的电动势可达 1.5V 左右，但很快就下降到 1.31 ~ 1.36V。

镍镉蓄电池的端电压随充放电过程而变化，可用下式表示：

$$U_{充} = E_{充} + I_{充}R_{内}$$

$$U_{放} = E_{放} - I_{放}R_{内}$$

从上述两式可以看出，充电时，电池的端电压比放电时高，而且充电电流越大，端电压越高；放电电流越大，端电压越低。

当镍镉蓄电池以标准放电电流放电时，平均工作电压为 1.2V。采用 8 小时率放电时，蓄电池的端电压下降到 1.1V 后，电池即放完电。

2. 容量和影响容量的主要因素

蓄电池充足电后，在一定放电条件下，放至规定的终止电压时，电池放出的总容量称为电池的额定容量，容量 C 用放电电流与放电时间的乘积来表示：

$$C = i \cdot t(\mathrm{Ah})$$

镍镉蓄电池容量与下列因素有关：

（1）活性物质的数量；

（2）放电率；

（3）电解液。

放电电流直接影响放电终止电压。在规定的放电终止电压下，放电电流越大，蓄电池的容量越小。

使用不同成分的电解液，对蓄电池的容量和寿命有一定的影响。通常，在高温环境下，为了提高电池容量，常在电解液中添加少量氢氧化锂，组成混合溶液。实验证明：每升电解液中加入 15 ~ 20g 含水氢氧化锂，在常温下，容量可提高 4% ~ 5%，在 40℃时，容量可提高 20%。然而，电解液中锂离子的含量过多，不仅使电解液的电阻增大，还会使残留在正极板上的锂离子慢慢渗入晶格内部，对正极的化学变化产生有害影响。

电解液的温度对蓄电池的容量影响较大。这是因为随着电解液温度升高,极板活性物质的化学反应也逐步改善。

电解液中的有害杂质越多,蓄电池的容量越小。主要的有害杂质是碳酸盐和硫酸盐。它们能使电解液的电阻增大,并且低温时容易结晶,堵塞极板微孔,使蓄电池容量下降。此外,碳酸根离子还能与负极板作用,生成碳酸镉附着在负极板表面上,从而引起导电不良,使蓄电池内阻增大,容量下降。

3. 内阻

镍镉蓄电池的内阻与电解液的导电率、极板结构及其面积有关,而电解液的导电率又与密度和温度有关。电池的内阻主要由电解液的电阻决定。氢氧化钾和氢氧化钠溶液的电阻系数随密度而变化。18℃时氢氧化钾溶液和氢氧化钠溶液的电阻系数最小。

4. 效率与寿命

在正常使用的条件下,镍镉电池的容量效率为67% ~75%,电能效率为55% ~65%,循环寿命约为2000次。

5. 记忆效应

镍镉电池在使用过程中,如果电量没有全部放完就开始充电,下次再放电时,就不能放出全部电量。比如,镍镉电池只放出80%的电量后就开始充电,充足电后,该电池也只能放出80%的电量,这种现象称为记忆效应。

电池全部放完电后,极板上的结晶体很小。电池部分放电后,氢氧化亚镍没有完全变为氢氧化镍,剩余的氢氧化亚镍将结合在一起,形成较大的结晶体。结晶体变大是镍镉电池产生记忆效应的主要原因。

6. 环境污染

镉是镍镉电池的必备原材料,但有大量研究表明,在人体内,镉的半衰期达730年,可蓄积50年之久,摄入或吸入过量的镉可引起肾、肺、肝、骨、生殖系统等的毒害效应及癌症。很早国际抗癌联盟就将镉定为一级致癌物。一般人在低剂量镉环境中暴露即可导致肾功能损伤、骨密度降低、钙排泄增加及生殖毒性。镉及其化合物是不可降解的环境污染物,可通过废水、废气、废渣大量流入环境,产生环境污染及健康危害。基于环境保护的原因,许多发达国家已禁止使用镍镉电池。

二、镍氢电池

(一)镍氢电池的结构与特点

镍氢电池正极活性物质为氢氧化镍(称氧化镍电极),负极活性物质为金属氢化物,也称储氢合金(电极称储氢电极),电解液为6N氢氧化钾。由活性物质构成电极极片的工艺方式主要有烧结式、拉浆式、泡沫镍式、纤维镍式、嵌渗式等工艺方式,不同工艺制备的电极在容量、大电流放电性能上存在较大差异,一般依据使用条件的不同,采用不同的工艺构成电池。通信等民用电池大多采用拉浆式负极、泡沫镍式正极构成电池。常见圆柱形镍氢电池结构如图4-2所示。

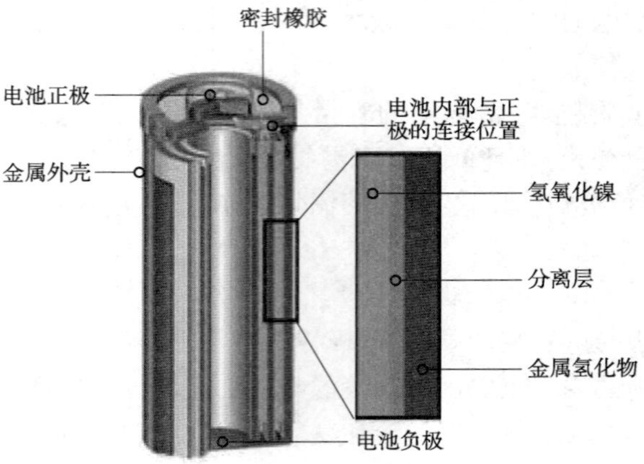

图 4-2　镍氢电池的结构

(二)镍氢电池的工作原理

镍氢电池正极活性物质为氢氧化镍(称氧化镍电极),负极活性物质为金属氧化物,也称储氢合金(电极称储氢电极),电解液为氢氧化钾,在电池充放电过程中的电池反应如下。

氧化电极:$NIOOH + H_2O + e^- = Ni(OH)_2 + OH^-$

储氢电极:$MH + OH^- = M + H_2O$

总反应:$MH + NiOOH = M + Ni(OH)_2$

其中,M 表示储氢合金材料。

镍氢电池在碱性电解液中进行反应的模型见图 4-3。

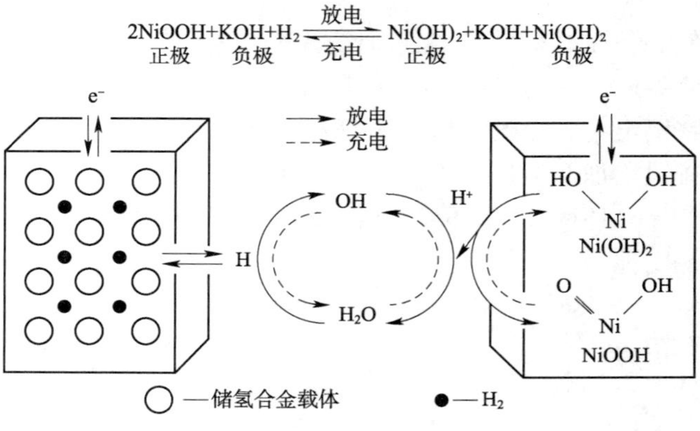

a)储氢合金载体负极　　b)镍正电极

图 4-3　镍氢电池在碱性电解液中进行反应的模型

电池的开路电压为 1.2～1.3V(因储氢材料和制备工艺不同而有所不同)。过充电时,两极上的反应如下。

氧化镍电极:$4OH^- = 2H_2O + O_2 + 4e^-$

储氢电极:$2H_2O + O_2 + 4e^- = 4OH^-$

总反应:0

电池在设计中一般采用负极过量的办法，氧化镍电极全充电态时产生氧气，经过扩散在负极重新化合成水，这样，既保持了电池内压的恒定，同时又使电解液浓度不致发生巨大变化。当电池过放电时，电极反应如下。

氧化镍电极：$2H_2O \longrightarrow H_2 + 2OH^-$

储氢电极：$H_2 + 2OH^- \longrightarrow 2H_2O$

总反应：0

虽然过放电时，电池总反应的净结果为零，但会出现反极现象。由于在正极上产生的氢气会在负极上重新化合成水，同样也保持了体系的稳定。

另外，负极活性物质氢以氢原子态能以相当高的密度吸附于储氢合金中，在这样的电极上，吸放氢反应能平稳地进行，放电性能较镉-镍电池而言得以提高。

(三)镍氢电池性能与技术要求

同镍镉电池相比，镍氢电池具有以下显著优点：

(1)能量密度高，同尺寸电池，容量是镍镉电池的1.5～2倍。

(2)环境相容性好，无镉污染。

(3)可大电流快速充放电，充放电倍率高。

(4)无明显的记忆效应。

(5)低温性能好，耐过充放能力强。

(6)工作电压与镍镉电池相同，为1.2V。

镍氢电池是镍镉电池的换代产品，电池的物理参数，如尺寸、质量和外观完全可与镍电池互换，电性能也基本一致，充放电曲线相似，放电曲线非常平滑，电量快要消耗完时，电量才会突然下降，故使用时完全可替代镍镉电池，而不需要对设备进行任何改造。

镍氢电池的成本很高，不同的储氢合金具有不同的储存氢的能力，价格也不相同。我国自行研制了稀土系的储氢合金已达到世界水平，为我国生产镍氢电池推广提供了有利条件。目前高档电动汽车多采用镍氢电池或锂离子电池。

镍氢电池的缺点是自放电与寿命不如镍镉电池，但也能达到500次循环寿命和国际电工委员会的推荐标准。吸氢电极自放电包括可逆自放电和不可逆自放电。可逆自放电的主要原因在于环境压力低于电极中金属氢化物的平衡氢压，氢气会从电极中脱附出来。当吸氢电极与氧化镍正极组成MH/Ni电池时，这些逸出的氢气与正极活性物质NiOOH反应生成Ni(OH)，形成放电反应，该部分自放电可以通过再充电复原。不可逆自放电主要是由于负极的化学或电化学因素所引起。如合金表面电势较低的稀土元素与电解液反应形成氢氧化物等，例如La稀土元素在表面偏析，并生成La(OH)，使合金组成发生变化，吸氢能力下降，这种吸氢能力下降无法用充电方法复原。

(四)镍氢电池特性

1.充电特性

镍氢电池充电特性曲线如图4-4所示，该曲线大致可分为三段。

镍氢电池充电开始时电压上升较快，然后比较平坦。这是由于$Ni(OH)_2$导电性极差，但充电产物 NiOOH 导电性是前者的 10 倍,因而充电刚开始时,电压上升很快。有 NiOOH 生成后,充电电压上升速率降低,电压变得比较平坦。随着充电过程的进行,当充电容量接近电池额定容量的 75% 左右时,储氢合金中的氢原子扩散速度减慢。由于氧在储氢合金的扩散速度受负极反应速度的限制,以及此时正极开始逐步析出氧气,因而充电电压就再次呈现快速上升的趋势。当充电量超过电池设计容量之后就进入过充电阶段。此时正极析出的氧会在负极储氢合金表面进行还原、去极化,使负极电位正移,电池温度迅速升高,加之镍氢电池反应温度系数是负值,因此电池的充电电压就会下降。

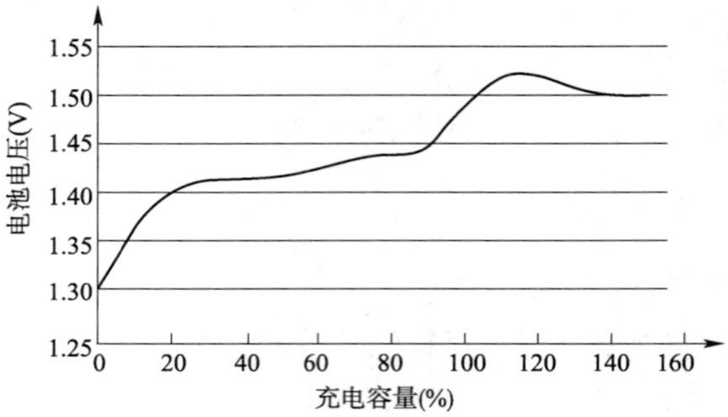

图 4-4　镍氢电池充电特性曲线

镍氢电池常用恒流充电的方式进行充电,充电最高电压越低,说明电池在充电过程中的极化就越小,电池的充电效率就越高,电池的使用寿命就可能越长。

2. 放电特性

镍氢电池工作电压为 1.2V,指的是放电电压的平台电压。它是镍氢电池的重要性能指标。镍氢电池的放电性能随放电电流、温度和其他因素的改变而变化。电池的放电特性受电流、环境温度等因素的影响,电流越大,温度越低,电池放电电压和放电效率越低,长期大电流放电对电池的寿命也会造成一定的影响。电池的放电性能如图 4-5 所示。

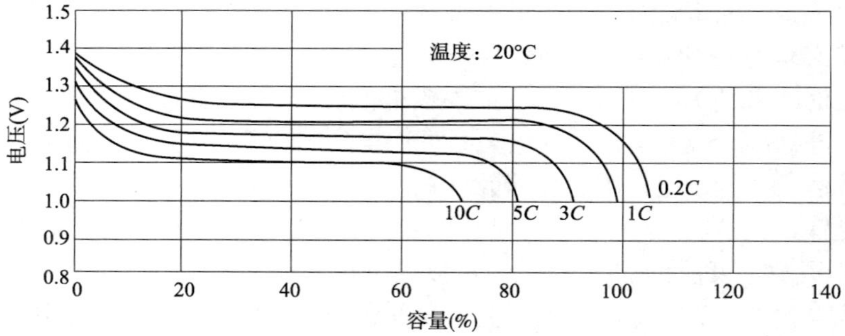

图 4-5　镍氢电池放电特性图

截止电压一般设定在 0.9 ~ 1.0V,如果截止电压设定得太高,则电池容量不能被充分利用,反之,则容易引起电池过放。

3. 电池内部压力

镍氢电池内部压力产生的基本原因是电池在充放电过程中,正极析出氧气,负极析出氢气,从而产生电池的内压。镍氢电池的内压是一直存在的,通常都维持在正常水平,不会引起安全问题。但在过充或过放情况下,电池内压升高到一定程度,就有可能带来安全问题。

镍氢电池的内压与充电方式及荷电状态有关。

试验数据表明，随着电池充电、放电循环次数的增加，内压也会逐渐升高，同时电池中氢、氧气体比例也会发生变化。镍氢电池中电解液的量也会影响电池内压，电解液过多会使内压升得很高。

4. 温度特性

由于电池中电极材料的活性和电解液的电迁移率等都与温度密切相关，环境温度对镍氢电池性能的影响非常关键。

镍氢电池在中高温环境下，由于温度高有利于合金中氢原子的扩散，提高了合金的动力学性能，且电解液中 KOH 的电导率也随温度升高而增加，电池放电容量明显比低温时放电容量大。但温度过高（一般超过 45℃），虽然电解质电导率大，电流迁移能力增强，迁移内阻减小，但电解液溶剂水分蒸发快，增加了电解液的欧姆内阻，两者相互抵消，放电容量将不再增加。

镍氢电池的正常存储温度是 20～45℃，最佳存储温度是 10～25℃。一般情况下，当温度降到低于 −20℃时，电池中的电解液会凝固，电池内阻会变得无穷大，电池内部可能发生不可逆的变化，导致电池无法激活到正常状态，甚至无法使用。当温度超过 45℃时，电池自放电速率大大加快，电解液会发生副反应而产生大量气体，电极片中的辅助材料可能变质失效，从而导致整个电池逐渐老化和容量衰减，甚至在短期内失效。

5. 容量特性

电池的实际容量受到理论容量的限制，但与实际放电机制和应用工况密切相关。在高倍率即大电流放电条件下，电极的极化增强，内阻增大，放电电压下降很快，电池的能量效率降低，电池的实际容量一般都低于额定容量。相应地，在低倍率放电条件下，放电电压下降缓慢，电池实际放出的容量常常高于额定容量。镍氢电池的充电电流、搁置时间、放电终止电压和放电电流等均会对放电容量产生影响。

（1）根据充电负极反应方程式所示，该反应中消耗电荷生成 OH^-，电荷不能再被释放利用，因而电池的充电效率总是小于 100%。随充电电流倍率增大，电极极化增加，将加剧镍氢电池中氧气析出的复合反应，导致充电效率和放电容量降低。

基于该反应原理，放电容量随充电容量的变化也体现为随充电过程进行，电池 SOC 升高，电池可放电容量增加，初期可放电容量增加较快，随充电过程中复合反应出现，可放电容量增加速度减缓，最终可放电容量将达到稳定值。

（2）搁置时间对放电容量的影响。

搁置时间对镍氢电池放电容量的影响本质上就是镍氢电池的自放电问题。搁置时间对放电容量的影响是由于金属氧化物不稳定引起的，这种不稳定性在刚充完电或高荷电状态时表现得尤为明显，而后渐趋平衡和稳定，因而镍氢电池放电容量随搁置时间的延长而下降，搁置的开始阶段容量下降较快。

（3）对于采用相同正负极活性物质及电解液组成的镍氢电池来说，电动势 E 为一定值，因而其端电压主要由放电电流和内阻 r 来决定。电池内阻主要包括欧姆内阻和电化学极化内阻两部分。欧姆内阻对一特定的电池来说也是一个定值，电化学极化内阻则与发生电化学反应时的极化状态有关，而放电电流是影响电极极化状态的一个重要因素。放电电流增大，电极极化也增大，电化学极化内阻就大，则式中 r 项的值增大，其端电压相对较低。对于相同的放电终止电压来说，最终反映为放电容量测试结果较低。

(4)放电终止电压对放电容量的影响。

放电终止电压直接影响放电时间，而放电容量实际是放电电流与放电时间的乘积，因而放电容量随放电终止电压的降低而增加。但镍氢电池的放电电压不能无限地降低，一般选定在0.9V左右。过低将出现过放电现象，影响镍氢电池的使用寿命。

6. 自放电和储存性能

电池的自放电主要是由电极材料、制造工艺、储存条件等多方面因素决定的。镍氢电池自放电受控于储氢合金电极。储氢合金电极的自放电可以分为可逆与不可逆两部分。可逆放电是由于电极合金的平台压力大于电池内压造成的，而不可逆部分是由于电极合金的不断氧化而使合金失效所致。镍氢电池在自然搁置状态时容量的衰减速率很快，月自放电率可达到25%～35%。

镍氢电池自放电率较高，这不仅与正负极材料的组成、电解液的组成和隔膜材料有关，而且与电池的化成方法等有关。

电池的储存性能是指电池在一定条件下储存一定时间后主要性能参数的变化，包括容量的下降、外观情况和有无变形或渗液情况。国家标准均有对电池的容量下降和外观变化及漏液比例的限制。

电池在储存过程中容量下降主要是由电极自放电引起的，自放电率高对电池储存非常不利，所以一般镍氢电池都遵从即充即用的原则，不适宜较长时间放置。

镍氢电池的存放条件：存放区应保持清洁、凉爽、通风；温度应在10～25℃，一般不应超过30℃，相对湿度以不大于65%为宜。除了合适的储存温度和湿度条件外，还必须注意以下两点：

(1)长期放置的电池应该采用荷电状态储存，一般可预充50%～100%的电量后储藏。

(2)在储存过程中，要保证至少每3个月对电池充电一次，以恢复到饱和容量。这是因为放完电的电池(放电到终止电压)在储存的过程中，一方面会继续自放电造成过放，而且电池内的正负极、隔膜和辅助材料经常会发生严重的电解液腐蚀和漏液现象，对电池的整体性能造成严重的损害。

7. 循环寿命

镍氢电池的循环寿命受充放电湿度、温度和使用方法的影响。在现在的技术状态下，当按照IEC标准充放电时，充放电循环可以超过500次。在电动车辆上应用，镍氢电池一般采用浅充浅放的应用机制，即SOC在40%～80%之间应用，因此电池的使用寿命已经可以达到5年以上，甚至达到10年以上。

随着电池充放电循环次数的增加，电池的隔膜结构会发生变化，隔膜的电解液保持能力下降，电池自放电增大，电池寿命减小。另外，从电池电极上脱落下的电极材料逐渐堵塞隔膜上的孔隙，严重影响了镍氢电池中气体的渗透传输，进而增大了电池内阻，影响电池充放电性能，甚至导致电池失效。

上述反应和损失随着电池的充放电循环而发生，并且是不可逆的。只能通过正负极材料的掺杂改性、电解液与隔膜工艺的优化、电池结构的改进等减缓其发生，以提高电池的循环使用寿命。

三、碱性动力电池的应用

1. 混合动力车方面

大功率的镍氢电池也在油电混合动力车辆中使用,最佳的例子就是丰田的普锐斯,该车使用了特别的充放电程序,使电池充放电寿命达到十年。其他使用镍氢电池的混合动力车辆有本田洞察者、福特翼虎、雪佛兰迈锐宝、本田思域等。

图 4-6 普锐斯汽车镍氢电池组

丰田第二代普锐斯采用镍氢蓄电池作为 HV 蓄电池(图 4-6)。蓄电池具有高能、质量轻,配合 THS-Ⅱ系统特征使用时间较长等特点。车辆正常工作时,由于 THS-Ⅱ系统通过充电/放电来保持 HV 蓄电池 SOC(充电状态)为恒定数值,因此,车辆不依赖外部设备来充电。

THS-Ⅰ系统的镍氢蓄电池有 228 个电瓶:(1.2V ×6 电瓶) ×38 模块,额定电压为 DC273.6V。相比之下,THS-Ⅱ系统的 HV 蓄电池有 168 个电瓶:(1.2V ×6 电瓶) ×28 模块,额定电压为 DC201.6V。通过这些内部改进,蓄电池具有紧凑、质量轻的特点。THS-Ⅰ系统中,HV 蓄电池电瓶间为单点连接,而新车型中的蓄电池电瓶间为双点连接,这样蓄电池的内部电阻得以减少。

在检查或维修前应拆下检修塞,切断 HV 蓄电池中部的高压电路,可以保证维修期间人员的安全。检修塞总成包括互锁的导线开关。如图 4-7 所示,将卡框翻起,关闭导线开关,进而切断 SMR。但是,为安全考虑,在拔下检修塞前一定要关闭点火开关。高压电路的主熔丝位于检修塞总成的内部。

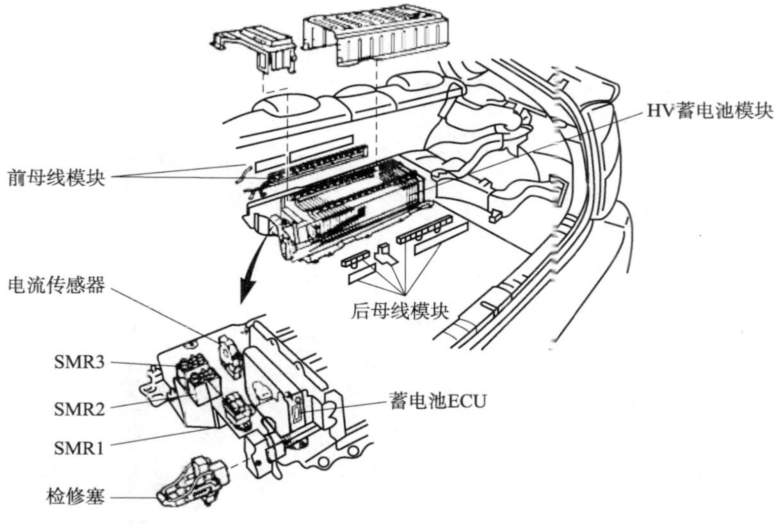

图 4-7 普锐斯汽车镍氢电池组示意图

维修提示:维修后应在检修塞连接后再起动车辆,否则,会损坏镍氢蓄电池 ECU。

重复充电/放电时,镍氢蓄电池会产生热量,为确保其工作正常,车辆为 HV 蓄电池配备了专用的冷却系统,如图 4-8 所示。行李箱右侧的冷却风扇可以通过后排座椅右侧的进气口吸入车内空气。此后,从蓄电池顶部右侧进入的空气从上到下流经蓄电池模块并将其加以冷却。然后,空气流经排气管和车内,最终排到车外。

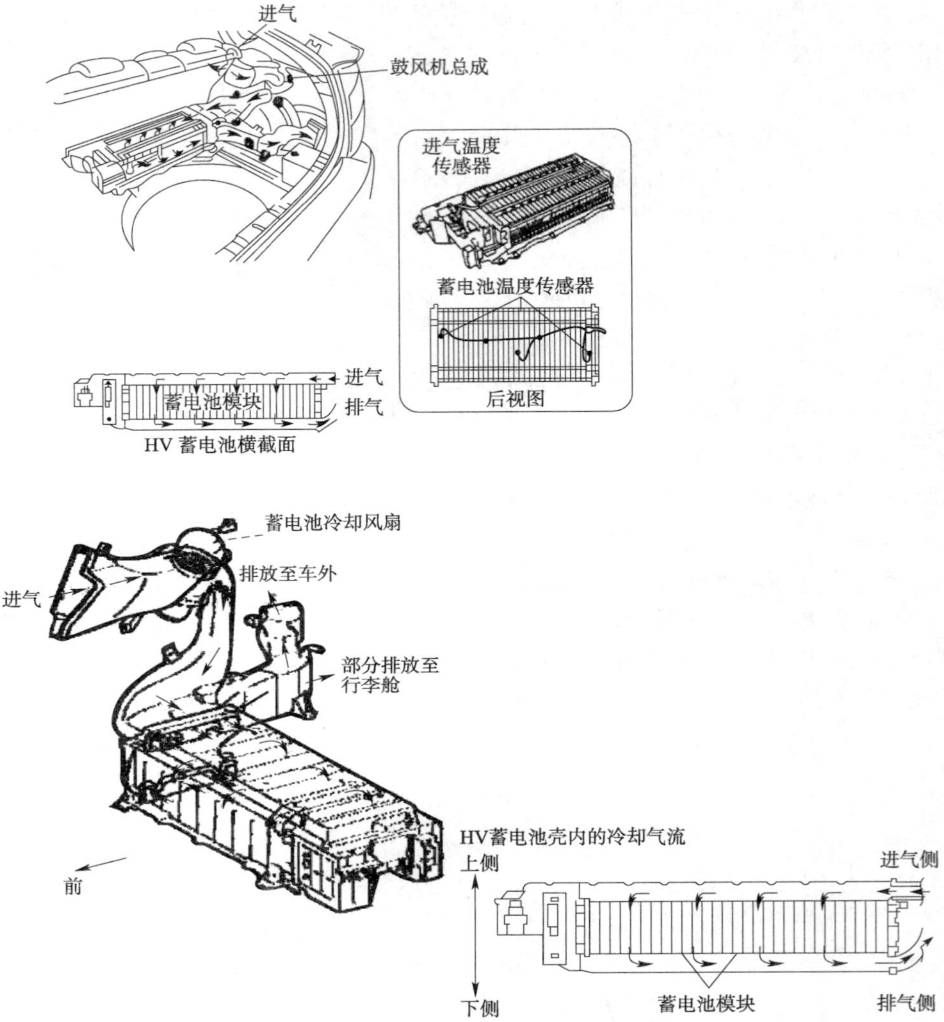

图 4-8　蓄电池冷却系统

2. 纯电池动力车方面

虽然在质量上镍氢电池比锂离子电池大,但仍然有部分纯电池动力车使用镍氢电池,如本田飞度,福特 Ranger、Vectrix 等。

图 4-9 所示为本田 Insight 镍氢电池组。本田新 Insight 的电池系统是在原电动汽车电池基础上改良而成的电池组,置于行李舱底板,由 120 颗松下 1.2V 镍氢电池组成,串联合计电压为 144V,支持电流输入 50A,输出 100A,系统限制用 4A 电流,以延长电池寿命。新 Insight

搭载1.3L发动机，本田研发的经济油耗驾驶辅助系统能够有效提高燃油经济性，起步和加速时电动系统自动调节功率输出，从而实现混合动力模式百公里理想油耗为4.34L，二氧化碳排放量低于100g/km。纯电动模式下该车速度能达到50km/h，适合城市路况。

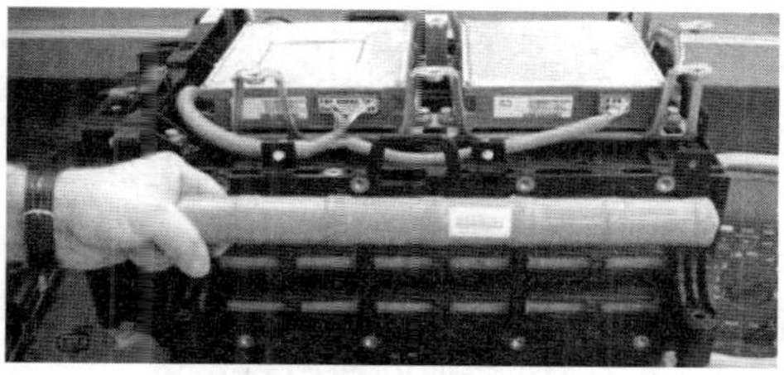

图4-9 本田Insight镍氢电池组

3. 怠速停止车用能量再生系统

目前各厂家研发采用镍氢电池的怠速停止车用能量再生系统，该系统是在通常配备的铅酸蓄电池的基础上组合使用镍氢电池，将减速时产生的能量存储在镍氢电池中再利用，这样不但能提高燃效，还能减轻铅酸蓄电池的负担，延长铅酸蓄电池的寿命。

技能实训

镍氢电池的认识

（一）实训目的

（1）借助网络查阅资料，掌握镍氢电池的材料组成、优缺点以及在汽车上的应用，并学会测量镍氢电池电压，并检查其技术状况，了解镍氢电池的材料组成。

（2）能叙述镍氢电池的工作原理。

（3）能说出镍氢电池在汽车上的应用。

（二）实验设备

丰田混动车辆或其他品牌电动汽车、车用镍氢电池、万用表等。

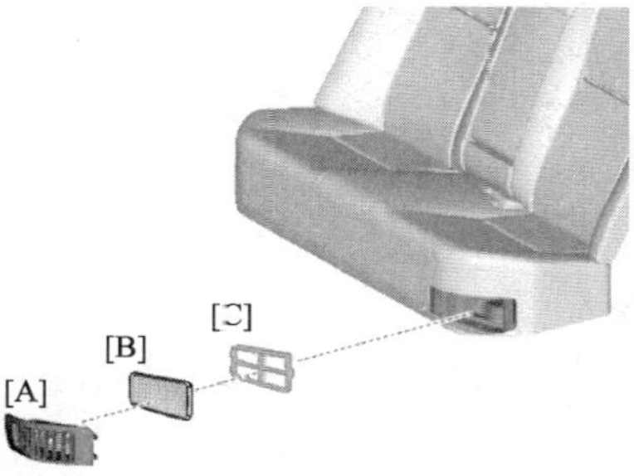

图4-10 蓄电池的进气滤清器

（三）操作步骤及工作要点

（1）根据丰田普锐斯车型，找出维修塞的位置。

（2）找出HV蓄电池冷却空气的吸入口。

（3）HV蓄电池的进气滤清器（图4-10），是[A]、[B]、[C]中的哪个零件？

模块小结

（1）碱性蓄电池是以氢氧化钾（KOH）等碱性水溶液为电解液的二次电池的总称。根据极板活性物质的材料不同，可分为锌银蓄电池、铁镍蓄电池、镍镉蓄电池等系列。

（2）镍镉电池因其碱性氢氧化物中含有金属镍和镉而得名。镍镉电池结构主要由正极、负极、分离层、外壳、电解液等组成。

(3)镍氢电池正极活性物质为氢氧化镍(称氧化镍电极),负极活性物质为金属氢化物,也称储氢合金(电极称储氢电极),电解液为6N氢氧化钾。

(4)镍氢电池常用恒流充电的方式进行充电,在充电过程中电池达到最高电压是镍氢电池的一个重要特性。充电最高电压越低,说明电池在充电过程中的极化就越小,电池的充电效率就越高,电池的使用寿命就可能越长。

(5)镍氢电池的放电性能随放电电流、温度和其他因素的改变而变化。

(6)镍氢电池的循环寿命受充放电湿度、温度和使用方法的影响。

(7)大功率的镍氢电池在油电混合动力车辆中广泛使用。

(8)虽然在质量上镍氢电池比锂离子电池大,但仍然有部分纯电池动力车使用镍氢电池。

思考与练习

(一)填空题

1. 碱性电池根据极板活性物质的材料不同,可分为________蓄电池、________蓄电池、________蓄电池等系列。

2. 镍镉电池主要由________、________、________、________、电解液等组成。

3. 镍氢电池正极活性物质为________,负极活性物质为________。

4. 镍氢电池的放电性能随________、________和其他因素的改变而变化。

5. 电池的自放电主要是由________、________、________等多方面因素决定的。

(二)判断题

1. 镍镉蓄电池电解液通常为氢氧化钠或氢氧化钾溶液。 ( )

2. 镍镉蓄电池有记忆效应。 ( )

3. 镍氢电池的缺点是自放电与寿命不如镍镉电池,但也能达到1000次循环寿命和国际电工委员会的推荐标准。 ( )

4. 镍氢电池自放电率较低。 ( )

5. 试验数据表明,随着电池充电、放电循环次数的增加,内压也会逐渐升高,同时电池中氢、氧气体比例也会发生变化。 ( )

(三)简答题

1. 比较镍镉蓄电池与镍氢电池的结构与特点。

2. 镍氢电池的存放条件是什么?

3. 如何提高镍氢电池的循环使用寿命?

模块五 锂离子电池

学习目标

1. 掌握锂离子动力电池的储能原理与结构；
2. 掌握锂离子动力电池的性能及检测；
3. 了解锂离子动力电池的应用。

建议课时：4 课时。

一、锂离子电池的发展与应用

（一）锂离子电池的发展

自从 1991 年索尼公司发布了首个锂离子电池，锂离子电池就以其能量密度高、循环寿命长、无记忆效应、环境友好等优点成为动力电池应用领域研究的热点。从 20 世纪 90 年代末期到现在的十几年里，全球锂离子电池产量一直保持在 10% ~20% 的增长速度。近年来，锂离子电池已经成为电动车辆用动力电池的主体（图 5-1）。

图 5-1　车用锂离子电池

根据研究的数据显示，2015 年我国市场的锂离子电池需求总量高达 3520.36 万 kWh，同比增长79.08%，占全球市场份额达到 39.64%，比 2014 年提高了 10 个百分点以上。其中，高速发展的我国新能源汽车市场的锂离子电池需求高达 1604.06 万 kWh（不含进口车辆的电池需求），同比增长近 300%，占我国市场锂离子电池总需求的比例达到 45.57%，较 2014 年的 21.42% 翻了一番有余。

2015 年我国市场的锂离子电池需求增量中，超过 3/4 是由新能源汽车市场创造的。2015 年全球车用动力锂离子电池需求总量 2502.74 万 kWh 中，64.09% 是由我国市场贡献的。新能源汽车市场已成为我国锂电产业高速发展的最主要动力，而新能源汽车市场大跃进的最主要原因则是我国政府的高额补贴政策。一些车型的两级政府(中央+地方)补贴总额甚至覆盖了车辆的全成本。如6～8m纯电动客车,两级政府补贴总额最高可达60万元/辆,而车辆的全成本最高不会超过50万元/辆;续航里程150km以上的A00级微型纯电动乘用车,两级政府补贴最高可达7万元/辆,而车辆全成本差不多也是7万元/辆。在2015年国产新能源汽车总销量中,这两类车的销量占比接近40%的高比例。

图5-2　锂离子电池的应用

(二)锂离子电池的应用

锂离子电池在消费类产品方面除了早期在功能手机、数码相机、笔记本电脑等方面的应用以外,智能手机、平板电脑、移动电源也已成为新兴起的需求点,如图5-2所示。

1.在便携式电器方面的应用

目前移动电话、笔记本电脑、微型摄像机等需要便携式电源的用电器已经成为人们生活中不可缺少的一部分。在其电源方面,无一例外地选择锂离子电池作为市场的主流。据统计,全球手机产量每年近10亿部,全球每年生产笔记本电脑约14亿台,形成了庞大的锂离子电池应用市场。在此领域,钴酸锂、锰酸锂两种锂离子电池占有主导地位。

2.在交通行业的应用

随着社会文明的进步,人们环保意识提高并对环境要求日益高涨,环保的交通工具已经进入人们的视野。目前,我国以电动自行车为主的电动轻型车呈现出蓬勃发展的趋势,锂离子动力电池已开始在部分高端车型应用。在电动汽车开发方面,锂离子动力电池已经成为主流。在国内,众多汽车研制和生产企业开发的电动汽车半数以上车型采用了锂离子电池,并有逐步扩大的趋势。国际上,已经宣布进入市场销售的纯电动汽车和插电式混合动力汽车,如日产公司的Leaf(图5-3)、特斯拉的Model S(图5-4)、三菱公司的i-MiEV(图5-5)以及通用公司的Volt(图5-6)均采用了锂离子电池系统。

图5-3　日产Leaf电动汽车

图5-4　特斯拉Model S电动汽车

3.在军事装备及航空航天事业中的应用

在军事装备中,锂离子电池主要用作动力起动电源、无线通信电台电源、微型无人驾驶侦察飞机动力电源等,此外,诸如激光瞄准器、夜视器、飞行员救生电台电源、船示位标电源等现在也普遍采用锂离子电池。在航天领域，锂离子电池已经用于地球同步轨道卫星和低轨道通信卫星，作为发射和飞行中校正、地面操作的动力。

图 5-5　三菱 i-MiEV 电动汽车

图 5-6　通用 Volt 电动汽车

4. 其他方面的应用

锂离子电池自身的结构特点和特殊的工作原理，决定了其原材料丰富、环保、比容量高、循环性能和安全性能好等特点，在医疗行业（例如，助听器、心脏起搏器等）、石化行业（例如，采油动力负荷调整）、电力行业（例如，储能电源）等均具有广阔的应用前景。其在追求能源绿色化的今天，具有更加重要的应用前景。

二、锂离子电池的分类与结构

（一）锂离子电池的分类

根据锂离子电池所用电解质材料的不同，锂离子电池可以分为液态锂离子电池（简称 LIB）和聚合物锂离子电池（简称 LIP）两大类。

液态锂离子电池和聚合物锂离子电池所用的正负极材料与液态锂离子都是相同的，电池的工作原理也基本一致。一般正极使用含锂的过渡金属氧化物，负极使用各种碳材料如石墨，同时使用铝、铜做集流体。它们的主要区别在于电解质的不同，液态锂离子电池使用的是液体电解质，而聚合物锂离子电池则以聚合物电解质来代替。这种聚合物可以是干态的，也可以胶态的，目前大部分采用聚合物胶体电解质。不论是液态锂离子电池还是聚合物锂离子电池，它们所用的正负极材料都是相同的，工作原理也基本一致。

按照锂离子蓄电池的外形，可以分为方形锂离子蓄电池和圆形锂离子蓄电池，如图 5-7 所示。

图 5-7　锂离子蓄电池

按照锂离子蓄电池正极的材料不同,汽车用锂离子蓄电池主要分为锰酸锂离子蓄电池、磷酸铁锂离子蓄电池、钴酸锂离子蓄电池、镍钴锰锂离子蓄电池等。

1. 锰酸锂离子蓄电池

锰酸锂离子蓄电池是指正极使用锰酸锂材料的电池,其标称电压达到3.7V,以成本低、安全性好被广泛使用。锰酸锂($LiMnO_2O_4$)具有尖晶石结构,其理论容量为148mAh/g,实际容量为90~120mAh/g,工作电压范围为3~4V。主要优点是锰资源丰富,价格便宜,安全性高,比较容易制备。缺点是理论容量不高;材料在电解质中会缓慢溶解,即与电解质的相容性不太好;在深度充放电的过程中,材料容易发生晶格畸变,造成电池容量迅速衰减,特别是在较高温度下使用时更是如此。

2. 磷酸铁锂离子蓄电池

磷酸铁锂离子蓄电池是指用磷酸铁锂作为正极材料的锂离子蓄电池。磷酸铁锂($LiFePO_4$)具有橄榄石晶体结构,其理论容量为170mAh/g,在没有掺杂改性时其实际容量已高达110mAh/g。通过对磷酸铁锂进行表面修饰,其实际容量可高达165mAh/g,已经非常接近理论容量,工作电压为3.4V左右。磷酸铁锂具有高稳定性、更安全可靠、更环保并且价格低廉的特性。磷酸铁锂正极材料被认为是最有发展前途的动力电池正极材料。其缺点是电阻率较大,电极材料利用率低。

目前,正极材料广泛采用碳复合磷酸铁锂。碳复合磷酸铁锂正极材料按照充放电特性和使用要求分为能量型和功率型。

磷酸铁锂的每个晶格包含4个$LiFePO_4$单元,由FeO_6八面体、LiO_6八面体和PO_4四面体交替排列形成。在它们之间具有$8n$个四面体空隙和$4n$个八面体空隙,使得锂离子在空隙之间有可移动性,在充放电过程中锂离子可以嵌入或脱离,利用锂离子的交替嵌入或脱离特性来实现电荷的转移。常温状态下,具有较高的化学位能和电能。

与其他锂离子电池的正极材料相比,磷酸铁锂动力电池的正极材料具有更好、更安全的性能,有良好的稳定性,不会发生起火或爆炸,并且没有毒性,价格也较低廉。但批量生产的磷酸铁锂动力电池存在单体电池之间的“不一致性”,导致磷酸铁锂动力电池组的性能不稳定,因此需要加强对磷酸铁锂电池组的管理。磷酸铁锂的结构见图5-8。

磷酸铁锂电池经过高温、高压、撞击等试验测试,表明具有良好的稳定性和安全性,且成本较低。磷酸铁锂中的所有活性物质在自然界环境中均能够被降解或被吸收,并且能够实现二次回收,无污染,是具有较好环保性能的储能式电池,是具有广阔发展前途的新型动力电池。磷酸铁锂存在电导率和锂离子迁移率低、制备较困难、振实密度低等缺点。

深圳比亚迪公司研发的具有自主知识产权的高科技性能的“碳酸铁锂电池”,具有比能量高(120Wh/kg)的优点,碳酸铁锂电池的正极材料温度范围宽,有大电流放电的特性,用大电流(500A)快速充电器充电时间短,约10min。

3. 钴酸锂离子蓄电池

钴酸锂离子蓄电池是指用钴酸锂作为正极材料的锂离子蓄电池。钴酸锂离子蓄电池电化学性能优越,易加工,性能稳定,一致性好,比容量高,综合性能突出;但是安全性较差,而且成本高。

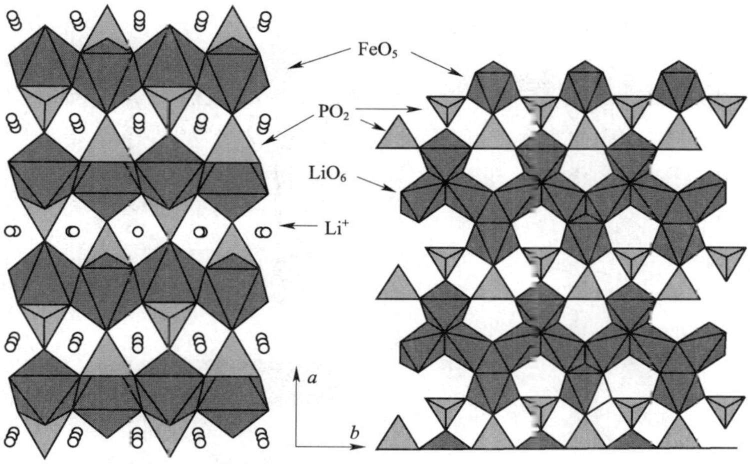

图 5-8 磷酸铁锂结构示意图

4. 镍钴锰锂离子蓄电池

镍钴锰锂离子蓄电池是指用镍钴锰三元材料作为正极的锂离子蓄电池，一般也称为三元锂电池。镍钴锰锂离子蓄电池能量密度大，功率密度高，循环寿命长，易加工，并且安全性较好。

(二)锂离子电池的结构

锂离子蓄电池主要由正极、负极、隔膜板、电解液和安全阀等组成。圆形锂离子蓄电池的基本结构如图 5-9 所示。

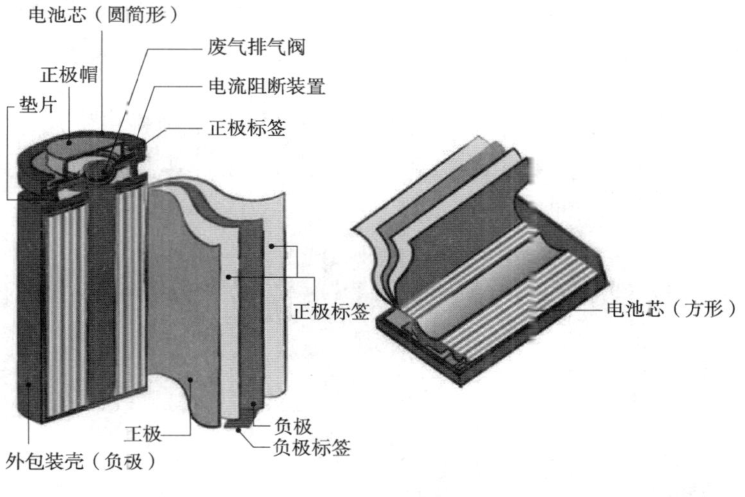

图 5-9 锂离子电池的基本结构

1. 正极

正极物质由含锂的过渡金属氧化物组成，在锰酸锂离子蓄电池中以锰酸锂为主要原料，在磷酸铁锂离子蓄电池中以磷酸铁锂为主要原料，在镍钴锰锂离子蓄电池中以镍钴锰锂为主要材料。在正极活性物质中再加入导电剂、树脂黏合剂，并涂覆在铝基体上，呈细薄层分布。锂离子电池正极材料具有能使锂离子较为容易地嵌入和脱出，并能同时保持结构稳定的一类化合物——嵌入式化合物。目前，被用来作为电极材料的嵌入式化合物均为过渡金属氧化物。充放电循环过程中，锂离子会在金属氧化物的电极上进行反复的嵌入和脱出反应，因此，金属氧化物结构内氧的排列和其稳定性是电极材料的一个重要指标。

作为嵌入式电极材料的金属氧化物，依其空间结构的不同主要可分为以下三种类型。

(1)层状化合物。

层状正极材料中研究比较成熟的是钴酸锂($LiCoO_2$)和镍酸锂($LiNiO_2$)。层状 $LiCoO_2$ 结构示意图如图 5-10 所示。

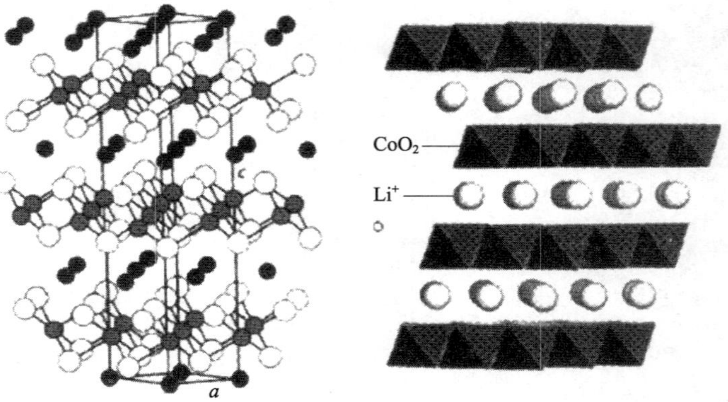

图 5-10　层状 $LiCoO_2$ 结构示意图

(2)尖晶石型结构。

$LiMn_2O_4$ 是尖晶石型嵌锂化合物中的典型代表。尖晶石型结构与层状的结构对比示意图如图 5-11 所示。

(3)橄榄石型结构。

$LiFePO_4$ 在自然界以磷铁锂矿的形式存在，属于橄榄石型结构(图 5-12)。$LiFePO_4$ 有原材料来源广泛、价格低廉、无环境污染、比容量高等优点，使其成为现阶段各国竞相研究的热点之一。

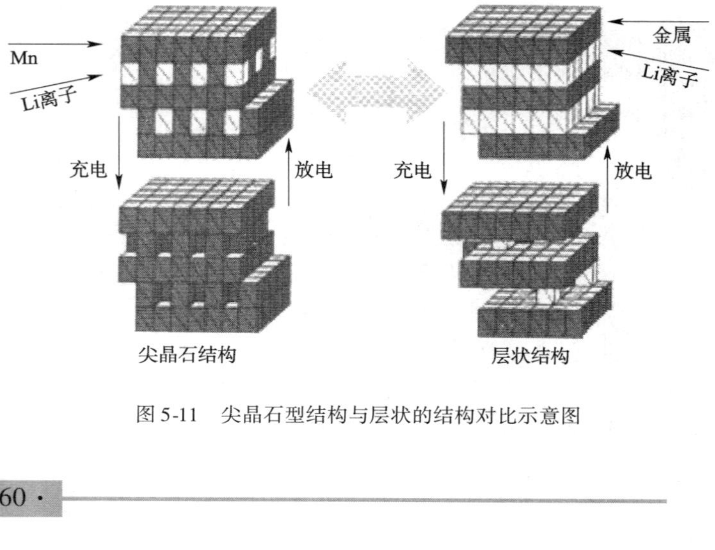

图 5-11　尖晶石型结构与层状的结构对比示意图

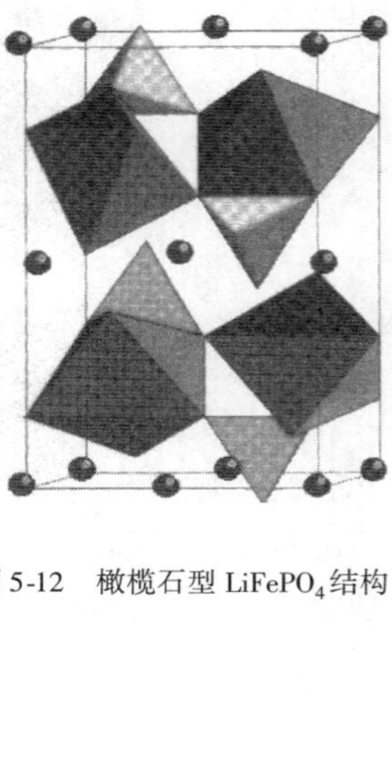

图 5-12　橄榄石型 $LiFePO_4$ 结构

几种正极材料的比较见表 5-1。

几种正极材料的比较 表 5-1

正极材料	锰酸锂	磷酸铁锂	钴酸锂	镍钴锰锂
振实密度(g/cm^3)	2.2～2.4	1.0～1.4	2.8～3.0	2.0～2.3
比表面积(m^2/g)	0.4～0.8	12～20	0.4～0.6	0.2～0.4
克容量(mAh/g)	100～120	110～140	135～145	140～165
标称电压(V)	3.7	3.2	3.6	3.5
循环次数(次)	≥500	≥2000	≥300	≥800
原料成本	低	低	很高	高
制备工艺	比较容易	较难	容易	比较容易
环保性	环保	环保	环保(含钴)	环保(含镍、钴)
安全性	良好	优秀	差	较好
高温性能	差	很好	差	较好

2. 负极

负极活性物质是由碳材料与黏合剂的混合物再加上有机溶剂调和制成的糊状,并涂覆在铜基上,呈薄层状分布。负极材料是决定锂离子电池综合性能优劣的关键因素之一,比容量高、容量衰减率小、安全性能好是对负极材料的基本要求。目前,应用的负极材料如下:

(1)碳材料。

碳材料是目前商品化的锂离子电池应用最为广泛的负极材料。碳负极材料包括石墨、无定型炭。其中石墨又分为天然石墨、人造石墨和石墨化炭;无定型炭分为硬炭和软炭。石墨是锂离子电池碳材料中应用最早、研究最多的一种,其具有完整的层状晶体结构。石墨的层状结构,有利于锂离子的脱嵌,能与锂形成锂—石墨层间化合物,是一种性能较好的锂离子电池负极材料。

(2)氧化物负极材料。

氧化物是当前人们研究的另一种负极材料体系,包括金属氧化物、金属基复合氧化物和其他氧化物。

(3)金属及合金类负极材料。

金属锂是最先采用的负极材料,因充电时,负极表面会形成枝晶,导致电池短路,于是人们开始寻找一种能替代金属锂的负极材料。金属合金最大的优势就是能够形成含锂很高的锂合金,具有很高的容量密度,相比碳材料,合金较大的密度使得其理论体积容量密度也较大。同时,合金材料由于加工性能好、导电性好等优点,被认为是极有发展潜力的一种负极材料。

3. 隔膜板

隔膜板的功能是关闭或阻断通道,一般使用聚乙烯或聚丙烯材料的微多孔膜。所谓关闭或阻断功能,是指电池出现异常温度上升时,阻塞或阻断作为离子通道的细孔,使蓄电池停止充放电反应。隔膜板可以有效防止因外部短路等引起的过大电流而使电池产生异常发热现象。这种现象即使只产生一次，电池也不再能正常使用。

4. 电解液

电解液是以混合溶剂为主体的有机电解液。为了使作为主要电解质成分的锂盐溶解，必须具有高电容率且与锂离子相容性好的溶剂，即以不阻碍离子移动的低黏度的有机溶液为宜，而且在锂离子蓄电池的工作温度范围内，必须呈液体状态，凝固点低，沸点高。电解液对于活性物质具有化学稳定性，必须良好适应充放电反应过程中发生的剧烈的氧化还原反应。又由于使用单一溶剂很难满足上述严酷条件，因此电解液一般混合不同性质的几种溶剂使用。

5. 安全阀

为了保证锂离子蓄电池的使用安全性，一般对外部电路控制或者在蓄电池内部设有异常电流切断的安全装置。即使这样，在使用过程中也有可能因其他原因引起蓄电池内压异常上升，因此设置安全阀释放气体，以防止蓄电池破裂。安全阀实际上是一次性非修复式保护破裂膜。

(三)锂离子电池的特点

1. 锂离子电池的优点

(1)单体电压高。

钴酸锂离子电池的单体电压为3.6V，锰酸锂离子电池的工作电压为3.7V，磷酸铁锂离子电池的工作电压为3.2V，而镍氢、镍镉电池的工作电压仅为1.2V。

(2)能量密度高。

锂离子电池正极材料的理论能量密度可达200Wh/kg以上，实际应用中由于不可逆容量损失，能量密度通常低于这个数值，但也可达140Wh/kg，该数值仍为镍镉电池的3倍，镍氢电池的1.8倍。

(3)循环寿命长。

目前，锂离子电池在深度放电情况下，循环次数可达1000次以上；在低放电深度条件下，循环次数可达上万次，其性能远远优于其他同类电池。

(4)自放电小。

锂离子电池月自放电率仅为总电容量的6%～8%，大大缓解了传统的二次电池放置时由自放电所引起的电能损失问题。

(5)无记忆效应。

(6)环保性高。

相对于传统的铅酸电池、镍镉电池甚至镍氢电池废弃可能造成的环境污染问题，锂离子电池中不包含汞、铅、镉等有害元素，是真正意义上的“绿色”电池。

2. 锂离子电池的缺点

(1)正极材料钴酸锂的价格较高，但按单位瓦时的价格来计算，已经低于镍氢电池，与镍镉电池持平，但高于铅酸蓄电池。

(2)必须有特殊的保护电路，以防止过充。锂离子电池主要问题是快速充、放电的性能较差，需要配备专用的充电器，进一步解决对其过充和过放的控制和保护。对于大容量锂离子电池组，还需要解决单元电池的可靠性和各个单元电池之间的一致性。

(3)锂离子电池若采用钴系列正极，在过充电状态时可能引起电池爆炸，主要原因是电池中大的短路电流使得电池中局部温度升高，从而导致正极中氧和有机电解质溶剂发生剧烈反应，引起电池起火甚至爆炸。随着电池单体容量的大幅度增加和串联数量的增加(提高电池组的电压)，锂离子电池的安全性问题更为突出，需要用安全阀来防止电解液受高温汽化后产生的压力升高，并安装自动温度调控装置进行过充电保护。

三、锂离子动力电池的工作原理

锂离子电池是指以锂离子嵌入化合物为正极材料电池的总称。锂离子电池以碳素材料为负极，以含锂的化合物作正极，没有金属锂存在，只有锂离子，这就是锂离子电池。锂离子电池的充放电过程，就是锂离子的嵌入和脱嵌过程。在锂离子的嵌入和脱嵌过程中，同时伴随着与锂离子等当量电子的嵌入和脱嵌(习惯上正极用嵌入或脱嵌表示，而负极用插入或脱插表示)。在充放电过程中，锂离子在正、负极之间往返嵌入/脱嵌和插入/脱插，被形象地称为"摇椅电池"，如图 5-13 所示。

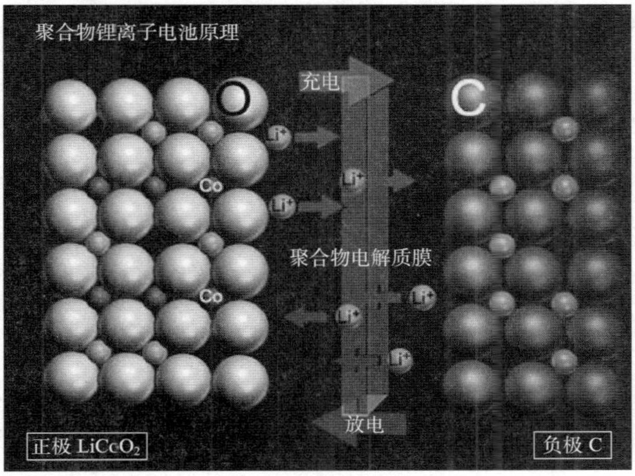

图 5-13 锂离子电池工作原理

锂离子电池在原理上实际是一种锂离子浓差电池，正、负电极由两种不同的锂离子嵌入化合物组成，正极采用锂化合物 $LiCoO_2$、$LiNiO_2$ 或 $LiMn_2O_4$，负极采用锂碳层间化合物 LiC_6，电解质为 $LiPF_6$ 和 $LiAsF_6$ 等有机溶液。经过锂离子在正负电极间的往返嵌入和脱嵌形成电池的充电和放电过程。充电时，锂离子从正极脱嵌经过电解质嵌入负极，负极处于富锂态，正极处于贫锂态，同时，电子的补偿电荷从外电路供给到碳负极，保持负极的电平衡。放电时则相反，锂离子从负极脱嵌，经过电解质嵌入到正极，正极处于富锂态，负极处于贫锂态(图 5-14)。正常充放电情况下，锂离子在层状结构的碳材料和层状结构氧化物的层间嵌入和脱出，一般只引起层面间距的变化，不破坏晶体结构；在放电过程中，负极材料的化学结构基本不变。因此，从充放电的可逆性看，锂离子电池反应是一种理想的可逆反应。

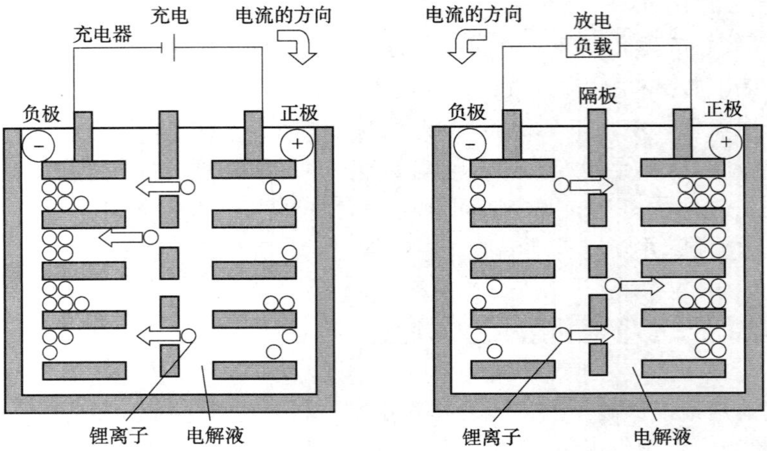

图 5-14　锂离子电池充电和放电过程示意图

四、锂离子动力电池的工作特性

(一)充放电特性

锂离子电池充电从安全、可靠及兼顾充电效率等方面考虑,通常采用两段式充电方法。第一阶段为恒流限压,第二阶段为恒压限流。锂离子电池充电的最高限压值根据正极材料不同而有一定的差别。锂离子电池基本充电电压曲线如图 5-15 所示。

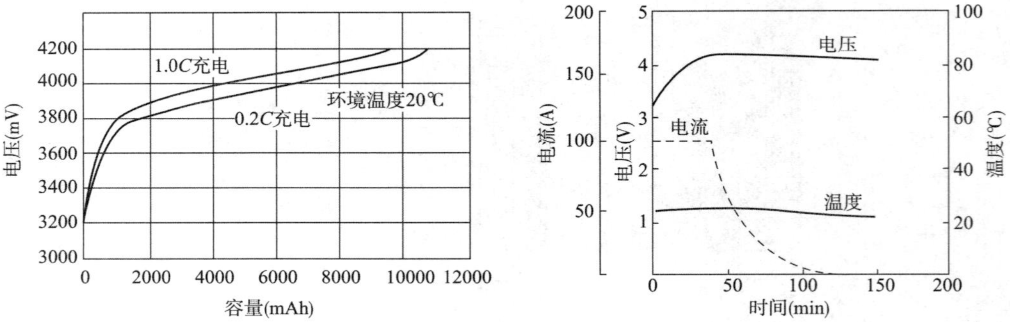

图 5-15　锂离子电池充电特性曲线

对于不同的锂离子电池,区别主要有以下两点:

(1)第一阶段恒流值,根据电池正极材料和制造工艺不同,最佳值存在一定的差别。一般采用电流范围为 $0.2C \sim 0.3C$。

(2)不同锂离子电池在恒流时间上存在很大的差别,恒流可充入容量占总体容量的比例也存在很大差别。

从电动汽车实际应用的角度,恒流时间越长,充电时间越短,更有利于应用。

锂离子电池放电在中前期电压稳定,下降缓慢,但在放电后期电压下降迅速,如图 5-16

中的放电段所示。在此阶段必须进行有效控制,防止电池过放电,避免对电池造成不可逆性损害。锂离子动力电池的充电特性见表 5-2。

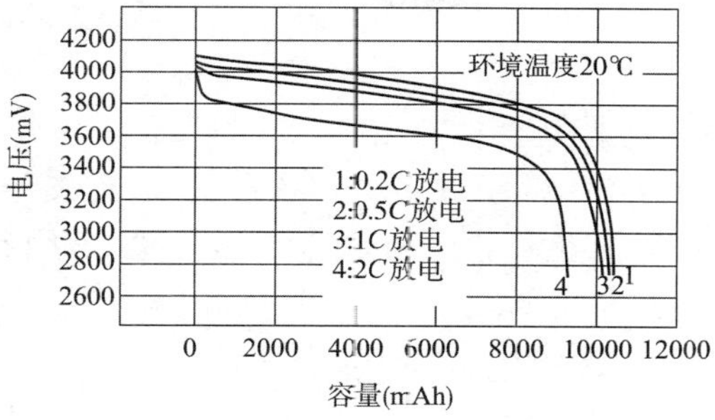

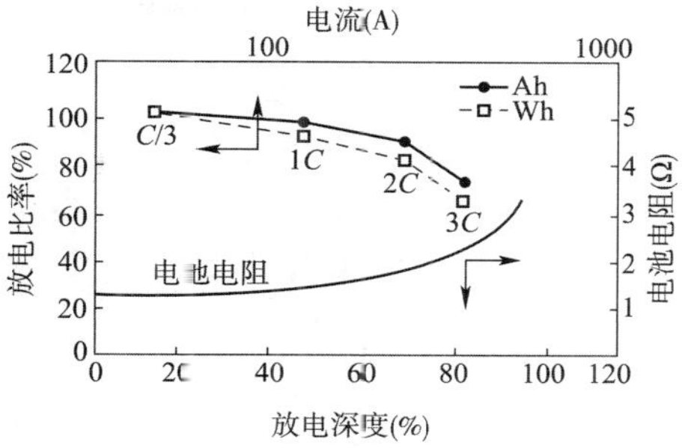

图 5-16　锂离子电池放电特性曲线

锂离子动力电池的充电特性　　表 5-2

电流(A)	恒流时间(s)	充入容量(Ah)	充入能量(Wh)	充入 30Ah 时间(s)	充入 30Ah 电流(A)
20/(0.2C)	3900	21.67	90.85	5763	14.24
30/(0.3C)	2420	20.17	84.93	4754	15.53
40/(0.4C)	729	8.11	34.482	4528	13.87
50/(0.5C)	700	9.8	41.68	3940	14.94
60/(0.6C)	237	3.97	16.96	3212	16.16
80/(0.8C)	32	0.74	3.133	3129	14.15

(二)安全性

锂离子电池在热冲击、过充电、过放电和短路等情况下,其内部的活性物及电解液等组分间将发生化学、电化学反应,产生大量的热量与气体,使得电池内部压力增大,到一定程度可能导致电池着火,甚至爆炸。其主要原因如下。

1. 材料热稳定性

锂离子电池在一些滥用情况下,如高温、过充、针刺穿透以及挤压等情况下,可以导致电极和有机电解液之间的强烈作用,如有机电解液的剧烈氧化、还原或正极分解产生的氧气进一步与有机电解液反应等,这些反应产生的大量热量如不能及时散失到周围环境中,必将导致电池内热失控的产生,最终导致电池的燃烧、爆炸。因此,正负电极、有机电解液相互作用的热稳定性是制约锂离子电池安全性的首要因素。

2. 制造工艺

锂离子电池的制造工艺分为液态和聚合物锂离子电池的制造工艺。无论是什么结构的锂离子电池,电极制造、电池装配等制造过程都会对电池的安全性产生影响。如正极和负极混料、涂布、辊压、裁片或冲切、组装、加注电解液的量、封口、化成等诸道工序的质量控制,无一不影响电池的性能和安全性。浆料的均匀度决定了活性物质在电极上分布的均匀性,从而影响电池的安全性。浆料细度太大,电池充放电时会出现负极材料膨胀与收缩比较大的变化,可能出现金属锂的析出;浆料细度太小会导致电池内阻过大。涂布加热温度过低或烘干时间不足会使溶剂残留,黏结剂部分溶解,造成部分活性物质容易剥离;温度过高可能造成黏结剂炭化,活性物质脱落形成电池内短路。

从提高锂离子电池安全性的角度,可以开展如下几项工作:

(1)使用安全型锂离子电池电解液。阻燃电解液是一种功能电解液,这类电解液的阻燃功能通常是通过在常规电解液中加入阻燃添加剂获得的。阻燃电解液是目前解决锂离子电池安全性最经济有效的措施。

(2)提高电极材料热稳定性。负极材料热稳定性是由材料结构和充电负极的活性决定的。对于碳材料,球形碳材料,如中间相碳微球(MCMB)相对于鳞片状石墨,具有较低的比表面积,较高的充放电平台,所以其充电态活性较小,热稳定性相对较好,安全性高;因此,目前对安全性要求更高的动力电池中通常使用 MCMB 代替普通石墨作为负极。

正极材料和电解液的热反应被认为是热失控发生的主要原因,提高正极材料的热稳定性尤为重要。与负极材料一样,正极材料的本质特征决定了其安全特征。$LiFeO_4$由于具有聚阴离子结构,其中的氧原子非常稳定,受热不易释放,因此不会引起电解液的剧烈反应或燃烧;在过渡金属氧化物中,$LiMn_2O_4$的热稳定性较好,所以这种正极材料的相对安全性也较好。此外,也可以通过体相掺杂、表面处理等手段提高正极材料的热稳定性。

(三)热特性

1.锂离子生热机制

锂离子电池内部产生的热量主要是由四部分组成:反应热 Q_r、极化热 Q_p、焦耳热 Q_J和分解热 Q_s。Q_r表示由于电池内部的化学反应而产生的热量,这部分热量在充电时为负值,在放电时为正值。极化热 Q_p是指电池在充放电过程中,负载电流通过电极并伴随着电化学反应时,电极会发生极化,电池的平均电压会与开路电压有所偏差,而导致产生的热量,这部分热量在充放电的时候都为正值。Q_J表示焦耳热,这部分热量是由于电池内阻产生的,在充放电的过程中这部分热量都为正值,其中电池内阻包括电解质的离子内阻(含隔膜和电极)和电子内阻(包括活性物质、集流体、导电极耳以及活性物质/集流体之间的接触电阻),符合欧姆特性。Q_s表示在电池的电极中自放电的存在也会导致电极的分解而产生的热量,这部分热量在充放电的时候都很小,因而可以忽略不计。

由于反应热 Q_r在充电时为负值,在放电时为正值,因此,电池在放电过程中的热生成率要大于充电过程中的热生成率,从而导致放电时电池温度比充电时电池的温度高。对于一个完全充满电状态下的锂离子电池,它在可逆放电过程中的总反应中呈现了放热效应。更进一步来说,电池的正电极反应表现出较大的放热效应,同时负电极反应表现出较小的吸热效应,所以综合正负电极反应热效应,最终导致了锂离子电池充放电过程总体呈现放热效应。

2.放电时温升特性

图 5-17 为常温下以 $0.3C$ 倍率电流充满电,再在常温下分别为 $0.3C$、$0.5C$ 和 $1C$ 倍率放电时,某磷酸铁锂离子电池正极柱处的温升曲线,放电截止电压为 2.5V。

可以看出,电池放电电流越大时,正极柱处的温度上升越快,并且温度极值越高。这说明放电电流越大时,损耗的热能就越多,降低了放电效率。$0.3C$ 与 $1C$ 倍率放电峰值温度相差 18.9℃,在环境温度不变并且没有散热措施的情况下,要减小温度升高的幅度,必须减少放电电流。因此,如果在环境温度较高,并且电池大功率放电的情况下,必须采用散热措施,以避免产生安全问题。

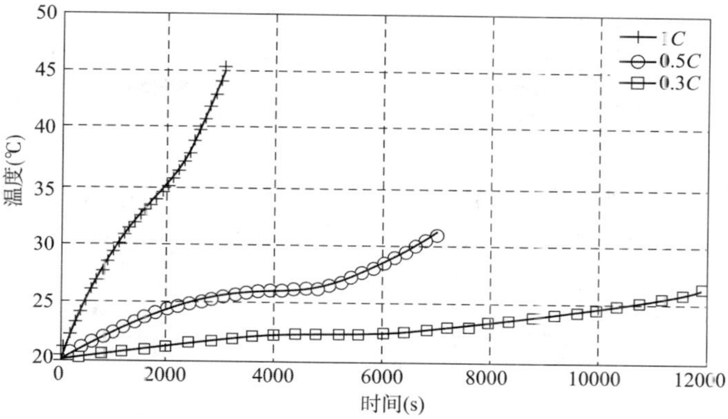

图 5-17 不同放电倍率正极柱处的温升曲线

3. 充电温升特性

图 5-18 所示为在常温下以 0.3C 倍率电流放电结束后，再在常温下分别以 0.3C、0.5C 和 1C 倍率恒流和 3.8V 恒压采用恒流限压方式充电时，某磷酸铁锂离子电池的正极柱处的温升曲线。

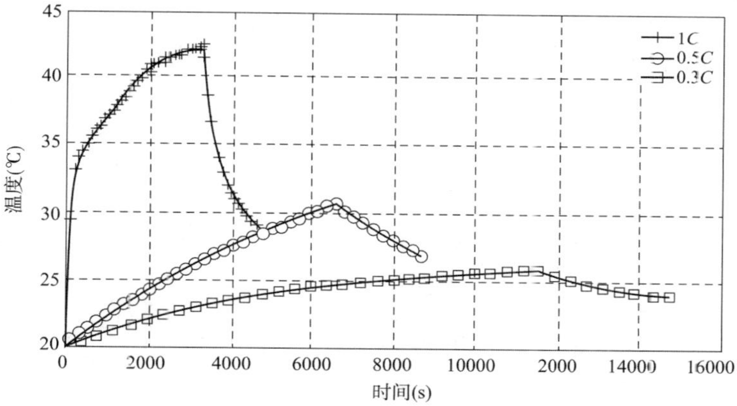

图 5-18 不同充电倍率正极柱处的温升曲线

可以看出，恒流充电开始阶段，内阻较大，从而生热速率较大，温升较快。随后恒流充电后期温升速率放缓，这主要是因为温度和 0.5C 值上升后，电池内阻值减小，从而生热速率减小，温升放缓。等到恒流充电结束的时刻，电池正极柱温度达到峰值。

图 5-18 表明，充电倍率越大，电池温度上升越快，并且温度峰值也越大。到达恒压阶段时，随着电流的下降，电池温度开始下降，直到电流下降至涓流为止，但充电结束时的温度高于充电前。

4. 温度对锂离子电池使用性能的影响

(1) 温度对可用容量比率的影响。

正常应用温度范围内，锂离子电池温度越高，工作电压平台越高，电池的可用容量越多。但是长期在高温下工作会造成锂离子电池的容量迅速下降从而影响电池的使用寿命，并极有可能造成电池热失控。

(2)温度对电池内阻的影响。

直流内阻是表征动力电池性能和寿命状态的重要指标。电池内阻较小,在许多工况常常忽略不计,但动力电池处于电流大、深放电工作状态,内阻引起的压降较大,此时内阻的影响不能忽略。

电池直流内阻遵循欧姆定律,可引起电池内部压降,并生热消耗放电能量。采用磷酸铁锂离子电池试验所得的充放电直流内阻如图 5-19 和图 5-20 所示。

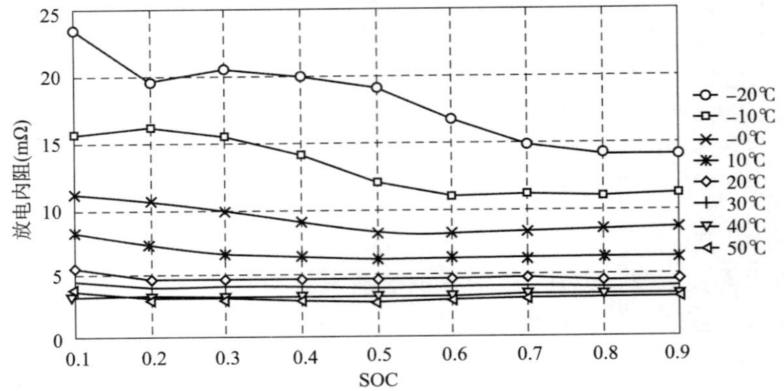

图 5-19 不同温度和 SOC 下的放电直流电内阻图

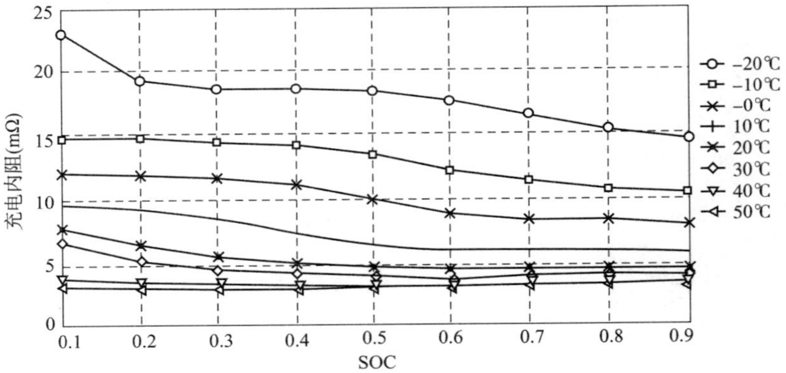

图 5-20 不同温度和 SOC 下的充电直流电内阻图

可以看出,低温状态下整个放电过程中直流内阻变化量明显,而高温状态下变化量则小得多。但是,放电和充电直流内阻变化的趋势是相同的,均随温度的升高而降低,随 SOC 的增大而减小。

低温状态锂离子电池放电效率低,主要原因在于:

①电池电解液的电导率增加,导致锂离子传输性能差。

②负极表面 SEI 膜是锂离子传递过程中的主要阻力,表面膜阻抗大于电解液本体阻抗,在 -20℃以下的温度范围内,表面膜阻抗 R 随温度的降低骤增,与电池性能恶化相对应。

③脱嵌。锂离子容量不对称性是由锂离子在不同嵌锂态石墨负极中的扩散速度不同引起的,低温时,锂离子在石墨负极中的扩散速度慢。

④正极与负极表面的电荷传递阻抗增大。

⑤正极/电解液界面或负极/电解液界面的阻抗增大。

⑥电极的表面积、孔径、电极密度、电极与电解液的润湿性及隔膜等均影响着锂离子电池的低温性能。

技能实训

测试锂离子电池的容量

(一)实训目的

(1)掌握电池综合测试仪的功能、原理。

(2)熟悉锂离子电池性能测试的操作流程。

(3)巩固锂离子电池的理论知识。

(4)根据测试结果可以分析判断锂离子电池的故障和性能状态。

(二)实验设备

(1)德工仪器 C103 型电池容量测试仪。

(2)万用表。

(3)手机锂离子电池。

(4)计算机及连接设备。

(5)绝缘手套和其他防护装备。

(三)操作步骤及工作要点

1. 仪器连接

(1)电源线与仪器尾部的插槽连接,并插入三角插座。

(2)测试夹子和仪器面板接口的红黑色相对应连接;红色为"+",黑色为"-",测试时红色夹子连接电池正极,黑色夹子连接电池负极(注意:测试时切勿正、负极接反)。

2. 仪器操作使用

(1)打开仪器尾部电源开关开机。"开机界面"按"确定"键进入"主菜单界面"。

(2)电压内阻测试(图5-21)。

①通过"▲▼"键移动光标,至"2. 电压内阻测试",按"确定"进入。

②通过"▲▼"键移动光标,直接用数字按键设置电压及内阻的上限、下限值,设置好后按"确定"。

③红色夹子接触电池正极,黑色夹子接触电池负极(注:测试时尽量完全接触充分),仪器将显示出测试结果数值。

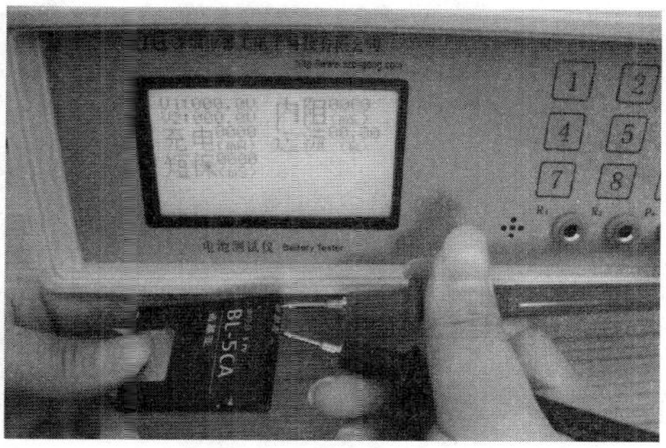

图5-21 测试电阻

(3)测试电阻设定。

测试设备可能本身存在一定的阻值，为了减少设备本身对测试结果的影响，可以在这里设定。仪器内部程序会自动处理，抵消掉仪器的电阻值，从而使测试尽可能精准（如果是直接使用所配套的测试夹子进行测试，则可忽略此步骤）。

①参照电压内阻测试的测试方法，测试出仪器的具体电阻值：如测试出是8mΩ。

②通过“▲▼”键移动光标，至“电阻设定”，按“确定”进入，通过“▲▼”键移动光标调节数值；如测试出的是8mΩ，则可以在此调到“8”。

（4）恢复厂家设置。

如需将各个参数恢复到厂家默认值，可选择“恢复厂家设置”，通过“▲▼”键移动光标，至“恢复厂家设置”，按“确定”进入。

（5）电池容量测试。

电池上都标有“×××mAh”；例如某一块电池上标有额定容量(标称容量)1000mAh，即表示以1000mA（1C）放电时，理想状态下时间可持续1个小时，如以200mA（0.2C）放电，可持续5个小时。测试方法如下：

主菜单界面光标移动至“容量测试界面”，按“确定”选择。通过“▲▼”键移动光标，直接用数字键盘输入数字，依次设置“充电电流大小”“充电时间”“放电电流大小”“充电截止电压”“放电截止电压”。

设置好后按“确定”，进入“充电界面”，界面显示“充电电流”“时间”“电池电压”；随着充电的进行，此时电池电压数值跳动升高。

当电池充满电后，仪器“滴”地响一下，自动跳至界面“充电完成，延时中……”，此时延时为30min，30min后仪器会自动跳转至放电界面，如不想等待可直接按“取消”键。

进入最后的“容量（放电）测试界面”。屏幕显示电流为之前设置的放电电流大小×××mA，电池电压×××V。随着放电量逐步减小，放电时间逐步增加，容量×××mAh逐步递增，直至最后放电停止，仪器“滴”地响一下，跳转至“容量测试完成”界面。此时屏幕静态显示的容量即为所测电池/电芯的实际容量（电量）大小。

（四）实训注意事项

（1）设备在测试中，设备外壳必须接地，以确保安全正常工作。所以请使用三角插座及配套的三角插头电源线，并确保插座所连接线路已接地。

（2）设备在通电中，不得强行拆拔任何器件，否则可能会导致设备损坏。

（3）（充电电流、充电时间、放电电流、充放电终止电压）等参数在设置时请严格按照电池规格及电池特性来进行，避免设置参数不合理而损害所测电池的性能。

（4）切勿设置过大的充电电流、过长时间、过高电压给电池进行充电。

（5）切勿设置过大的放电电流、过低电压对电池进行放电。

（6）测试时请勿正、负极接反。

（五）实训数据或现象记录、处理、分析

一般电池充放电性能检测仪器可通过LCD屏幕显示及键盘直接操作，也可通过连接计算机功能（图5-22），直接由计算机软件设置、操作。测试过程可以由计算机软件时时记录

(记录频率可设)，并自动生成以下曲线图：电压—时间（*V-T*）图、电流—时间（*I-T*）图、电压—容量（*V-C*）图（图 5-23）。各曲线图可导出保存或直接打印，已保存的曲线可调入回软件。测试完毕后系统自动生成最终测试结果报告以供保存和打印。

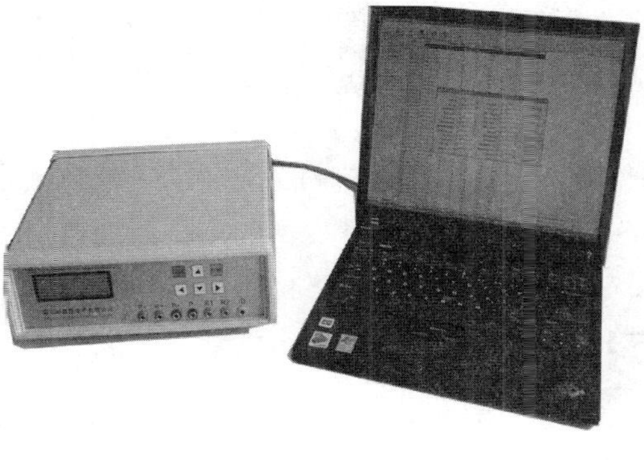

图 5-22　检测仪器连接计算机

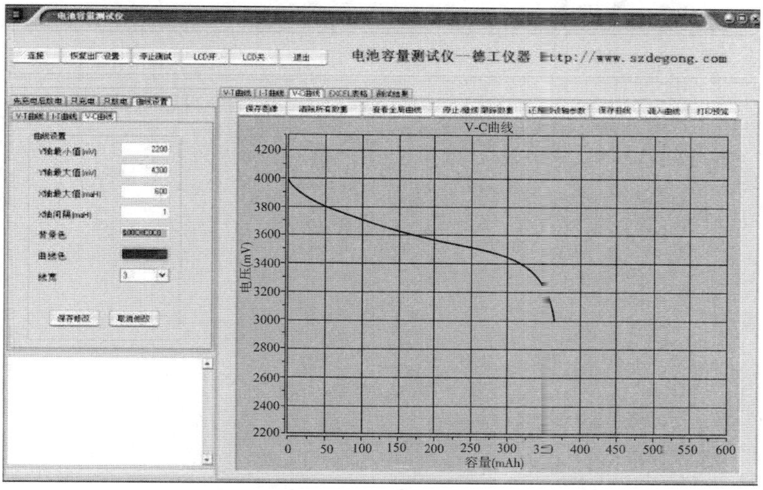

图 5-23　电压—容量（*V-C*）图

模块小结

（1）锂离子电池以其能量密度高、循环寿命长、无记忆效应、环境友好等优点成为动力电池应用领域研究的热点。

（2）锂离子电池在消费类产品方面除了早期在功能手机、数码相机、笔记本电脑等的应用以外，智能手机、平板电脑、移动电源已成为其新兴起的需求点。

（3）根据锂离子电池所用电解质材料的不同，锂离子电池可以分为液态锂离子电池（简称 LIB）和聚合物锂离子电池（简称 LIP）两大类。

（4）按照锂离子蓄电池正极材料的不同，汽车用锂离子蓄电池主要分为锰酸锂离子蓄电池、磷酸铁锂离子蓄电池、钴酸锂离子蓄电池、镍钴锰锂离子蓄电池等。

(5)锂离子蓄电池主要由正极、负极、隔膜板、电解液和安全阀等组成。

(6)锂离子电池的充放电过程,就是锂离子的嵌入和脱嵌过程。在充放电过程中,锂离子在正、负极之间往返嵌入/脱嵌和插入/脱插,被形象地称为“摇椅电池”。

(7)锂聚合物锂离子电池的正极材料、负极材料与锂离子电池的正极材料、负极材料基本相同。正极材料为 $LiCoO_2$、$LiMn_2O_4$和 $LiNiO_2$等。负极材料为高分子导电材料、聚乙炔、聚苯胺、聚对苯酚等。

(8)与其他锂离子电池的正极材料相比,磷酸铁锂动力电池的正极材料具有更好、更安全的性能。

思考与练习

(一)填空题

1. 根据锂离子电池所用电解质材料的不同,锂离子电池可以分为________和________两大类。

2. 锂离子蓄电池主要由________、________、________、电解液和________等组成。

3. 锂离子电池内部产生的热量主要是由四部分组成:________、________、________和________。

4. 锂聚合物锂离子电池的负极材料为________、________、________、________等。

(二)简答题

1. 简述锂电池的应用范围。

2. 锂离子电池的工作原理是什么?

3. 聚合物锂离子电池的特点是什么?

4. 磷酸铁锂 $LiFePO_4$电池的结构特点是什么?

模块六 燃料电池

学习目标

1. 了解燃料电池的应用；
2. 掌握燃料电池的储能原理与结构；
3. 掌握燃料电池的性能及检测。

建议课时:4课时。

一、燃料电池的发展与应用

燃料电池的开发历史相当悠久,1839年,英国人格罗夫通过将水的电解过程逆转,发现了燃料电池的原理。他用铂作电极,以氢为燃料,氧为氧化剂,从氢气和氧气中获取电能,自此拉开了燃料电池发展的序幕。20世纪50年代,培根成功开发了多孔镍电极,并制备了5kW碱性燃料电池系统,这是第一个实用性燃料电池。20世纪90年代,质子交换膜燃料电池(PEMFC)采用立体化电极和薄的质子交换膜之后,技术取得一系列突破性进展,极大地加快了燃料电池的实用化进程。图6-1为燃料电池用在汽车上的实例图。

燃料电池与普通化学电池类似,两者都是通过化学反应将化学能转换成电能。普通电池是将化学能储存在电池内部的化学物质中。当电池工作时,这些有限的物质发生反应,将储存的化学能转变成电能,直至这些物质全部发生反应。因此,实际上普通的电池只是一个有限的电能输出和储存装置。但是燃料电池与常规化学能源不同,更类似于汽油或柴油发动机。它的燃料(主要是氢气)和氧化剂(纯氧气或空气)不是储存在电池内,而是储存在电池外的储罐中。当电池发电时,需连续不断地向电池内送入燃料和氧化剂,排出反应生成物——水。燃料电池本身只决定输出功率的大小,其发出的能量由储罐内燃料与氧化剂的量来决定。因此,确切地说,燃料电池是一个适合车用的、环保的氢氧发电装置,它的最大特点是反应过程不涉及燃烧,因此其能量转换效率不受"卡诺循环"的限制,其能量转换效率高,实际使用效率则是普通内燃机的2~3倍。

图 6-1 燃料电池汽车示意图

二、燃料电池的类型与特点

(一)燃料电池的分类

燃料电池的分类有多种方法,可以依据其工作温度、燃料种类、电解质类型、燃料处理方式的不同进行分类。

1. 按照工作温度分类

按照工作温度的不同,把碱性燃料电池(工作温度为 100℃)、质子交换膜燃料电池(工作温度为 100℃以内)和磷酸燃料电池(工作温度为 200℃)称为低温燃料电池;把熔融碳酸盐燃料电池(工作温度为 650℃)和固体氧化物燃料电池(工作温度为 1000℃)称为高温燃料电池,并且高温燃料电池又是面向高质量排气而进行联合开发的燃料电池。

2. 按照燃料种类分类

按照燃料种类分类,可分为三类:第一类是直接式燃料电池,即燃料直接使用氢气;第二类是间接式燃料电池,其燃料通过某种方法把甲烷、甲醇或其他类化合物转变成氢气或富含氢的混合气后再供给燃料电池;第三类是再生燃料电池,是指把电池生成的水经适当方法分解成氢气和氧气,再重新输送给燃料电池。

3. 按电解质类型分类

按电解质类型分类,可分为如下几类:碱型、磷酸型、聚合物型、熔融碳酸盐型、固体电解质型燃料电池。在此分类下,不同类型燃料电池的主要区别见表 6-1。

不同类型燃料电池的主要区别　　表 6-1

燃料电池	典型电解质	工作温度	优　点	缺　点	效率
碱性燃料电池	$KOH-H_2O$	80℃	1. 起动快; 2. 室温常压下工作	1. 需以纯氧作氧化剂; 2. 成本高	70%

续上表

燃料电池	典型电解质	工作温度	优　点	缺　点	效率
磷酸燃料电池	H_3PO_4	200℃	对 CO_2 不敏感	1. 对 CO 敏感； 2. 工作温度较高； 3. 低于峰值功率输出时性能下降	40%
固体氧化物燃料电池	ZrO_2-Y_2O_3	1000℃	1. 可用空气作氧化剂； 2. 可用天然气或甲烷作燃料	工作温度高	>60%
熔融碳酸盐燃料电池	Na_2CO_3	650℃	1. 可用空气作氧化剂； 2. 可用天然气或甲烷作燃料	工作温度高	>60%
质子交换膜燃料电池	含氟质子交换膜	80～100℃	1. 寿命长； 2. 可用空气作氧化剂； 3. 工作温度低； 4. 起动迅速	1. 对 CO 敏感； 2. 反应物需加湿； 3. 成本高	>60%

(二)燃料电池的优点

1. 发电效率高、环境污染少

燃料电池发电设备产生 1000kWh 的电能，排放之污染性气体少于 1oz。燃料电池运用能源的方式大幅优于燃油动力机排放大量危害性废气的方案，其排放物大部分是水分。

2. 能量转化效率高

燃料电池直接将燃料的化学能转化为电能，中间不经过燃烧过程，因而不受卡诺循环的限制。燃料电池系统的燃料—电能转换效率在 45% ～60%，而火力发电和核电的效率在 30% ～40%。

3. 安装地点灵活

燃料电池电站占地面积小，建设周期短，电站功率可根据需要由电池堆组装，十分方便。燃料电池无论作为集中电站还是分布式电站，或是作为小区、工厂、大型建筑的独立电站都非常合适。

4. 负荷响应快，运行质量高

燃料电池在数秒内就可以从最低功率变换到额定功率。

5. 高可靠度供电

燃料电池可架构于输配电网络之上作为备援电力，也可独立于电力网之外。在特殊的场合下，模块化的设置(串联安装几个完全相同的电池组系统以达到所需的电力)可提供极高的稳定性。

(三)燃料电池的缺点

(1)燃料电池造价偏高。

(2)反应/起动性能差。燃料电池的起动速度尚不及发动机。

(3)碳氢燃料无法直接利用。除甲醇外,其他的碳氢化合物燃料均需经过转化器、一氧化碳氧化器处理产生纯氢气后,方可供现今的燃料电池利用。这些设备亦增加了燃料电池系统的投资额。

(4)氢气储存技术达不到要求。燃料电池汽车的氢燃料是以压缩氢气为主,车体的载运量因而受限,每次充填量仅为2.5~3.5kg,尚不足以满足现今汽车单程可跑480~650km的续航力。

三、燃料电池结构与工作原理

(一)燃料电池结构

燃料电池同普通电池概念完全不同,被称为燃料电池只是由于在结构形式上与电池有某种类似,外观、特性像电池,随负荷的增加,输出电压下降。作为发电装置,它没有传统发电装置上的原动机驱动发电装置,而是由燃料同氧化剂反应的化学能直接转化为电能。只要不中断供应燃料,它就可以不停地发电(图6-2)。

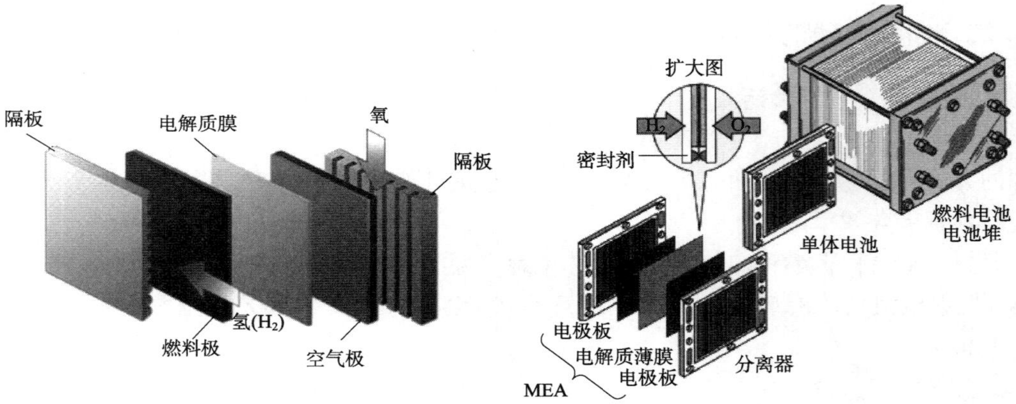

图6-2　燃料电池结构图

燃料电池可以使用多种燃料,包括氢气、一氧化碳以及比较轻的碳氢化合物,氧化剂通常使用纯氧或空气。

(二)燃料电池工作原理

燃料电池的基本原理相当于电解反应的可逆反应。图6-3为燃料电池结构与电化学反应原理。燃料及氧化剂在电池的阴极和阳极上借助催化剂的作用,电离成离子,由于离子能通过在两电极中间的电解质在电极间迁移,在阴电极、阳电极间形成电压。在电极同外部负载构成回路时就可向外供电(发电)。

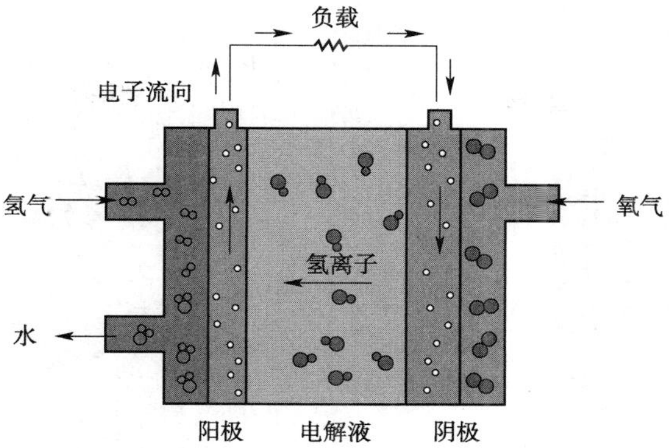

图 6-3 燃料电池电化学反应原理

理想的燃料电池系统是可逆热力学系统，在不同的工作温度、工作压力条件下，可通过热力学计算得出在理想可逆情况下燃料电池发电效率及单电池电压的变化规律，如图 6-4 所示。

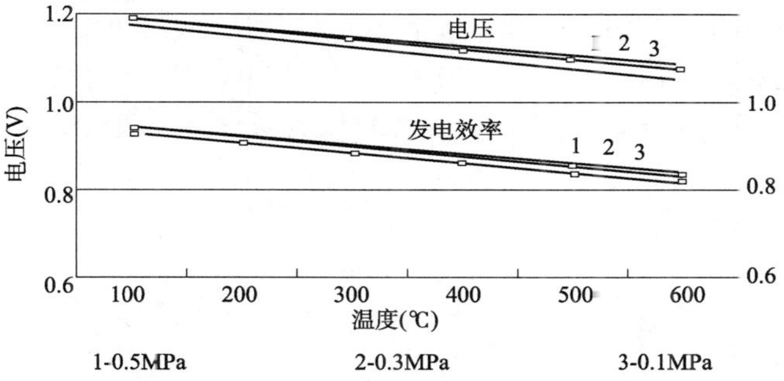

图 6-4 燃料电池发电效率及单电池电压的变化规律

实际上，开始反应产生电流时，燃料电池的工作电压降低很多，其原因主要有以下三点：

(1) 在电极上，活化氢气和氧气的能量要消耗一部分电动势。

(2) 电极发生反应后，电池内部的物质移动扩散，所需能量消耗一部分电动势。

(3) 由于电极与电解质之间有接触阻抗，电极和电解质本身也有电阻，也要消耗与电流大小成正比的电动势。

由于活化阻抗、扩散阻抗和电阻的综合作用，燃料电池单体的实际工作电压一般为 0.6～0.8V。

目前最常见的是氢氧型燃料电池，基本原理是氢氧反应产生的吉布斯自由能直接转化为电能，比如质子交换膜燃料电池。

质子交换膜燃料电池采用可传导离子的聚合膜作为电解质，所以也叫聚合物电解质燃料电池(PEFC)、固体聚合物燃料电池(SPFC)或固体聚合物电解质燃料电池(SPEFC)。

1. 质子交换膜燃料电池的基本结构

质子交换膜燃料电池由质子交换膜、催化剂层、扩散层、双极板等组成，如图 6-5 所示。

(1) 质子交换膜

质子交换膜是质子交换膜燃料电池中最重要的部件之一，其性能好坏直接影响电池的

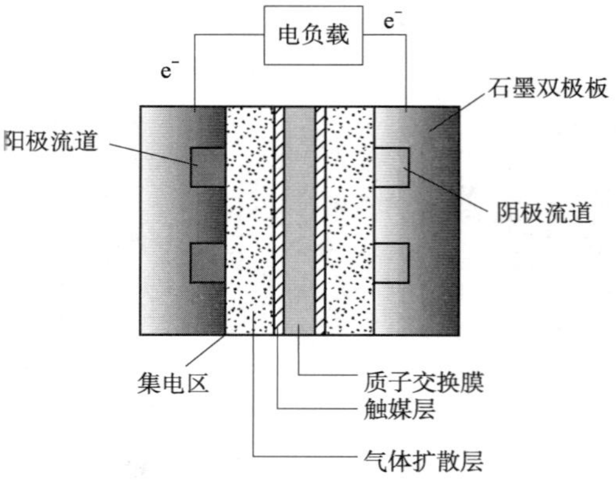

图 6-5 质子交换膜燃料电池结构

性能和寿命。它不只是一种将阳极的燃料与阴极的氧化剂隔开的隔膜材料，还是电解质和电化剂（电极活性物质）的基底，即兼有隔膜和电解质的作用；另外，质子交换膜还是一种选择透过性膜，在质子交换膜的高分子结构中，含有多种离子基团，它只允许 H^+ 穿过，其他离子、气体及液体均不能通过。

（2）电催化剂

为了加快电化学反应速度，气体扩散电极上都含有一定量的催化剂。质子交换膜燃料电池的电催化剂主要有铂系和非铂系电催化剂两类。目前多采用铂催化剂。

（3）电极

质子交换膜燃料电池的电极是一种多孔气体扩散电极，一般由扩散层和催化层构成。扩散层是由导电材料制成的多孔合成物，起着支撑催化层，收集电流，并为电化学反应提供电子通道、气体通道和排水通道的作用。催化层是进行电化学反应的区域，是电极的核心部分，其内部结构粗糙多孔，因而有足够的表面积以促进氢气和氧气的电化学反应。

（4）膜电极

膜电极是通过热压将阴极、阳极与质子交换膜复合在一起而形成的。

（5）双极板与流道

双极板又称集流板，是电池的重要部件之一，其作用是分隔反应气体，收集电流，将各个单电池串联起来以及通过流场为反应气体进入电极及水的排出提供通道。

2. 质子交换膜燃料电池的工作原理

质子交换膜燃料电池在原理上相当于水电解的“逆”装置。其单电池由阳极、阴极和质子交换膜组成，阴极为氧化剂还原的场所，阳极为氢燃料发生氧化的场所，两极都含有加速电极电化学反应的催化剂，质子交换膜为电解质。质子交换膜燃料电池的工作原理如图 6-6 所示。

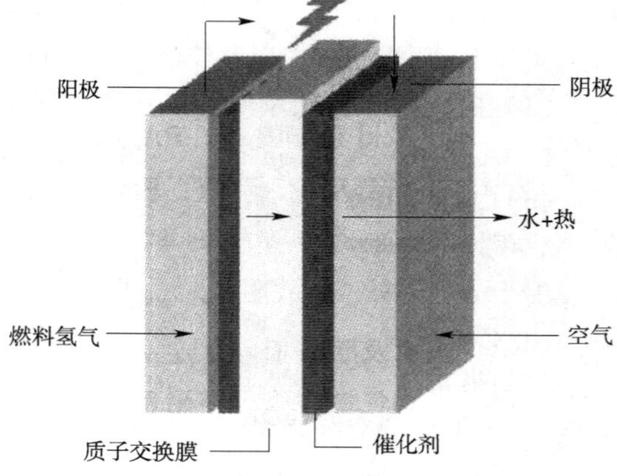

图 6-6 质子交换膜燃料电池的工作原理

导入的氢气通过阳极双极板经由阳极气体扩散层到达阳极催化剂层，在阳极催化剂的作用下，氢分子分解为带正电的氢离子（即质子）并释放出电子，完成阳极反应：

$$2H_2 = 4H^+ + 4e^-$$

氢离子穿过质子交换膜到达阴极催化剂层，而电子则由双极板收集，通过外电路到达阴极，电子在外电路形成电流，通过适当连接可向负载输出电能；在电池另一端，氧气通过阴极双极板经由阴极气体扩散层到达阴极催化剂层，在阴极催化剂的作用下，氧与透过膜的氢离

子及来自外电路的电子发生反应生成水,完成阴极反应:

$$4e^- + 4H^+ + O_2 = 2H_2O$$

电池总反应为:

$$2H_2 + O_2 = 2H_2O$$

上述过程是理想的工作过程,实际上,整个反应过程中会有很多中间步骤和中间产物的存在。

3. 质子交换膜燃料电池的特点

质子交换膜燃料电池的优点主要有:

(1)能量转化效率高。

(2)可实现零排放。

(3)运行噪声低,可靠性高。

(4)维护方便。

(5)发电效率受负荷变化影响很小。

(6)氢是世界上最多的元素,氢气来源极其广泛,是一种可再生的能源资源。

(7)氢气的生产、储存、运输和使用等技术目前均已非常成熟、安全、可靠。

质子交换膜燃料电池的缺点主要有:

(1)成本高。

(2)这种电池需要纯净的氢,而纯净的氢极易受到一氧化碳和其他杂质的污染。

从目前发展情况看,质子交换膜燃料电池是技术最成熟的电动车动力源,质子交换膜燃料电池电动汽车被业内公认为是电动汽车未来的发展方向。燃料电池将会成为继蒸汽机和内燃机之后的第三代动力系统。

(三)碱性燃料电池

1. 碱性燃料电池的结构与工作原理

碱性燃料电池以强碱(如氢氧化钾、氢氧化钠)为电解质,氢气为燃料,纯氧或脱除微量二氧化碳的空气为氧化剂。采用对氧电化学还原具有良好催化活性的 Pt/C、Ag、Ag-Au、Ni 等为电催化剂制备的多孔气体扩散电极为氧化极,以 Pt-Pd/C、Pt/C、Ni 或 Bni_2 等具有良好催化氢电化学氧化的电催化剂制备的多孔气体扩散电极为氢电极。图 6-7 为碱性石棉膜型氢氧燃料电池单电池的工作原理。

在阳极,氢气与碱中的 OH^- 在电催化剂的作用下,发生氧化反应生成水和电子,电子通过外电路到达阴极,在阴极电催化剂的作用下,参与氧的还原反应,生成的 OH^- 通过饱浸碱液的多孔石棉迁移到氢电极。

2. 碱性燃料电池的特点

碱性燃料电池与其他类型燃料电池相比,具有以下特点:

(1)碱性燃料电池具有较高的效率(50% ~55%)。

(2)工作温度大约为 80℃,因此起动很快,但其电力密度却是质子交换膜燃料电池的 1/10。

(3)性能可靠,可用非贵金属作催化剂。

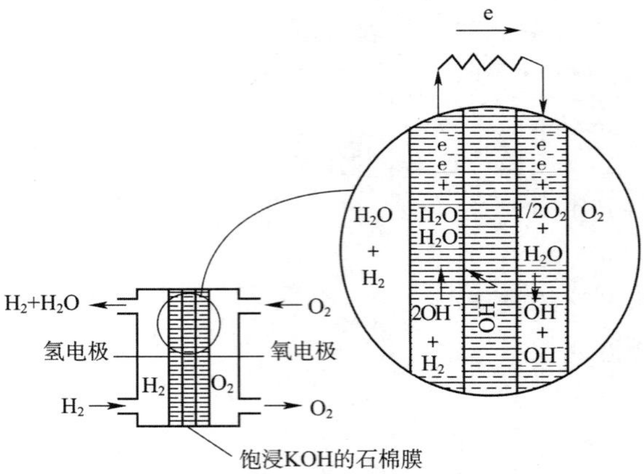

图 6-7 碱性石棉膜型氢氧燃料电池单电池的工作原理

(4)碱性燃料电池是燃料电池中生产成本最低的一种电池。

(5)碱性燃料电池是技术发展最快的一种电池。

(6)使用具有腐蚀性的液态电解质,具有一定的危险性且容易造成环境污染,为解决CO_2毒化所采用的一些方法,如使用循环电解液、吸收CO_2等增加了系统的复杂性。

(四)磷酸燃料电池

磷酸燃料电池是以磷酸为导电电解质的酸性燃料电池。磷酸燃料电池被称为继火电、水电、核电之后的第四种发电方式,是目前唯一商业化运行的燃料电池。

1. 磷酸燃料电池的结构

磷酸燃料电池的电池片由基材及肋条板触媒层所组成的燃料极、保持磷酸的电解质层、与燃料极具有相同构造的空气极构成。在燃料极,燃料中的氢原子释放电子成为氢离子。氢离子通过电解质层,在空气极与氧离子发生反应生成水。将数枚单电池片进行叠加,每数枚电池片中叠加进为降低发电时内部热量的冷却板,从而构成输出功率稳定的基本电池堆,再加上用于上下固定的构件、供气用的集合管等构成磷酸燃料电池的电池堆,其结构示意图如图 6-8 所示。

2. 磷酸燃料电池的工作原理

磷酸燃料电池使用液体磷酸为电解质,通常位于碳化硅基质中。当以氢气为燃料、氧气为氧化剂时,在电池内发生电化学反应。磷酸燃料电池的工作原理如图 6-9 所示。阳极和阴极发生的电化学反应如下。

阳极反应:$H_2 = 2H^+ + 2e^-$

阴极反应:$O_2 + 4H^+ + 4e^- = H_2O$

总反应:$O_2 + 2H_2 = H_2O$

3. 磷酸燃料电池的特点

(1)磷酸燃料电池的工作温度(150 ~200℃)要比质子交换膜燃料电池和碱性燃料电池的工作温度略高,但仍需电极上的白金催化剂来加速反应。

(2)磷酸燃料电池的效率比其他燃料电池低,约为 40%,其加热的时间也比质子交换膜燃料电池长。

(3)磷酸燃料电池构造简单、稳定、电解质挥发度低。

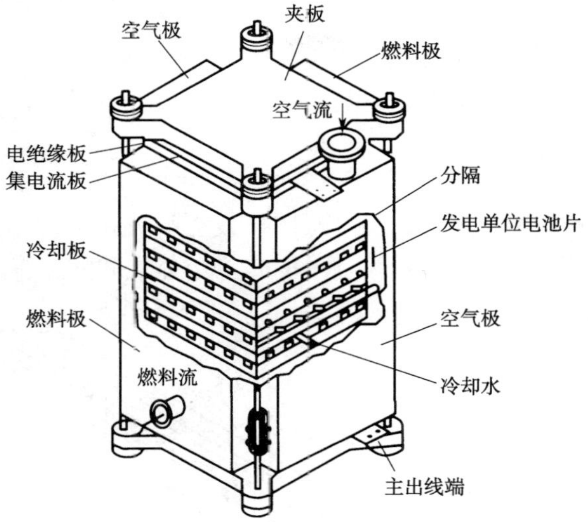

图6-8 磷酸燃料电池的电池堆

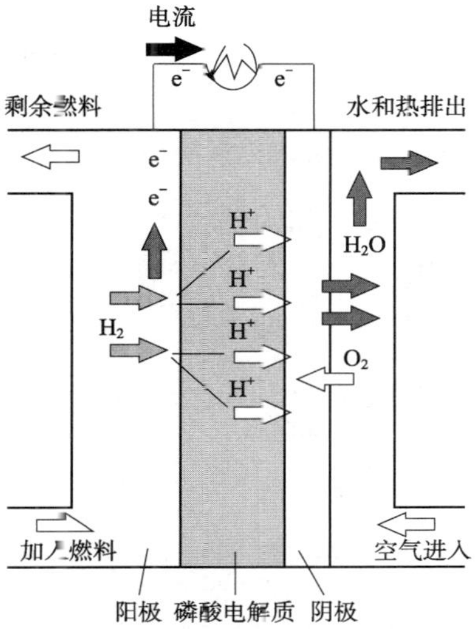

图6-9 磷酸燃料电池的工作原理

(五)熔融碳酸盐燃料电池

1. 熔融碳酸盐燃料电池的结构

熔融碳酸盐燃料电池是由多孔陶瓷阴极、多孔陶瓷电解质隔膜、多孔金属阳极、金属极板构成的燃料电池。

单体的熔融碳酸盐燃料电池一般是平板型的,由电极、电解质、燃料流通道、氧化剂流通道和上下隔板组成,如图6-10所示。单体的上、下部分为隔板/电流采集板,中部分是电解质板,电解质板的两侧为多孔的阳极板和阴极板,其电解质是熔融态碳酸盐。

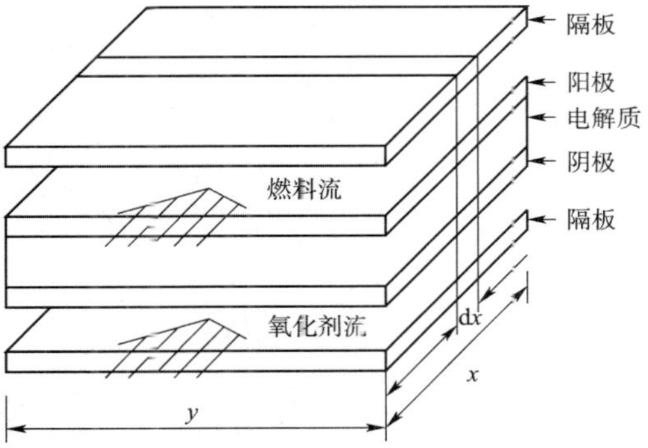

图6-10 单体的熔融碳酸盐燃料电池结构

2. 熔融碳酸盐燃料电池的工作原理

如图6-11所示,熔融碳酸盐燃料电池的工作过程实质上是燃料的氧化和氧化剂的还原过程。燃料和氧化剂气体流经阳极和阴极通道,氧化剂中的 O_2 和 CO_2 在阴极与电子进行氧化反应产生 CO_3^{2-},电解质板中的 CO_3^{2-} 直接从阴极移到阳极,燃料气中的 H_2 与 CO_3^{2-} 在阳极发生反应,生成了 CO_2、H_2O 和电子,电子被集流板收集起来,然后到达隔板。隔板位于燃料电池单元的上部和下部,并和负载设备相连,从而构成了包括电子传输和离子移动在内的完整的回路。

3. 熔融碳酸盐燃料电池的特点

熔融碳酸盐燃料电池是一种高温电池(600~700℃),具有效率高(高于40%)、噪声低、无污染、燃料多样化(氢气、煤气、天然气和生物燃料等)、余热利用价值高和电池构造材料廉价等诸多优点,是新一代的"绿色"电站。

(六)固体氧化物燃料电池

固体氧化物燃料电池是一种在中高温下直接将储存在燃料和氧化剂中的化学能高效、环境友好地转化成电能的全固态化学发电装置。它被普遍认为是在未来会与质子交换膜燃料电池一样得到广泛应用的一种燃料电池。

1. 固体氧化物燃料电池的结构

固体氧化物燃料电池的单体主要由电解质、阳极或燃料极、阴极或空气极和连接体或双极板组成。图 6-12 为管式结构固体氧化物燃料电池的单体,图 6-13 为单体之间的连接。

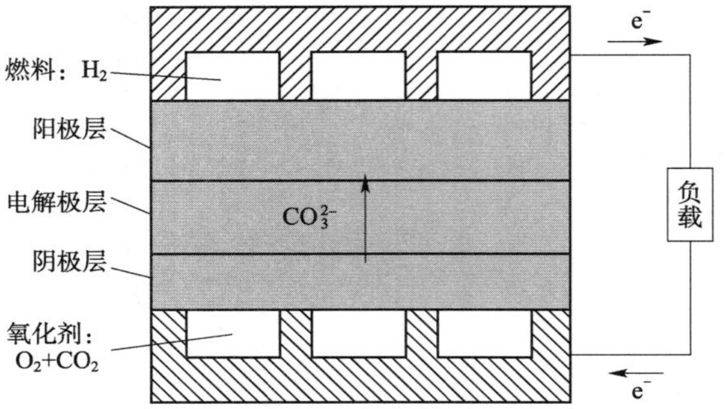

图 6-11　熔融碳酸盐燃料电池的工作原理

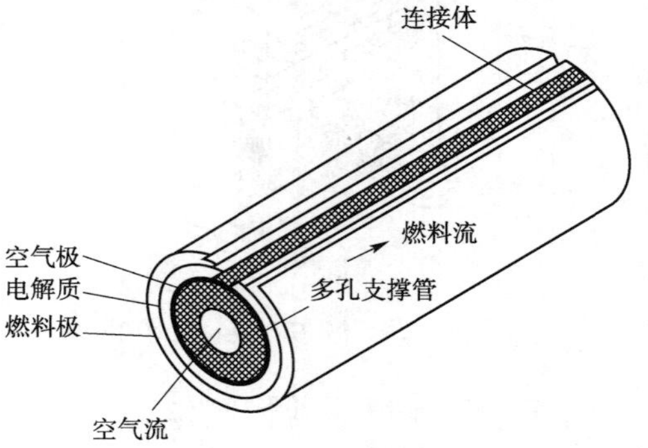

图 6-12　管式结构固体氧化物燃料电池的单体

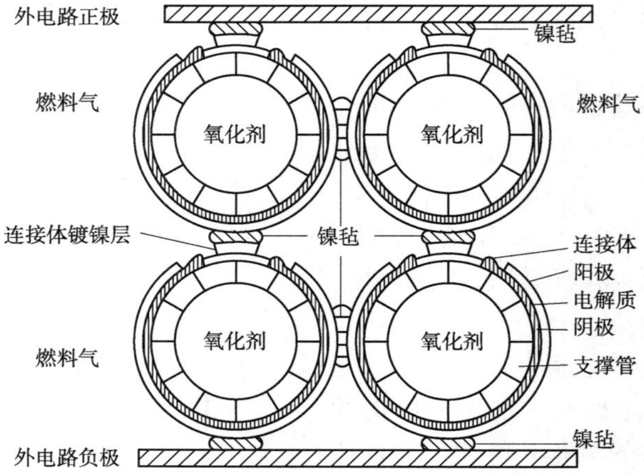

图 6-13　管式结构固体氧化物燃料电池单体之间的连接

2. 固体氧化物燃料电池的工作原理

固体氧化物燃料电池工作时,电子由阳极经外电路流向阴极,氧离子经电解质由阴极流向阳极。固体氧化物燃料电池的工作原理如图 6-14 所示。

3. 固体氧化物燃料电池的特点

固体氧化物燃料电池除具备燃料电池高效、清洁、环境友好的共性外,还具有以下优点:

(1)固体氧化物燃料电池是全固态的电池结构,不存在电解质渗漏问题,避免了使用液态电解质所带来的腐蚀和电解液流失等问题,无须配置电解质管理系统,可实现长寿命运行。

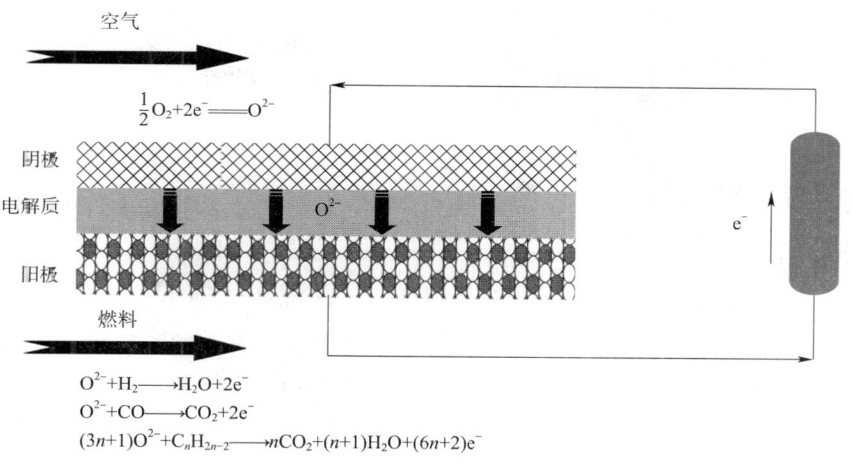

图 6-14 固体氧化物燃料电池的工作原理

(2)对燃料的适应性强,可直接用天然气、煤气和其他碳氢化合物作为燃料。

(3)固体氧化物燃料电池直接将化学能转化为电能,不通过热机过程,因而不受卡诺循环的限制,故其发电效率高,能量密度大,能量转换效率高。

(4)工作温度高,电极反应速度快,不需要使用贵金属作电催化剂。

(5)可在高温进行内部燃料重整,使系统优化。

(6)低排放、低噪声。

(7)废热的再利用价值高。

(8)陶瓷电解质要求在中高温(600～1000℃)运行,加快了电池反应的进行,还可以实现多种碳氢燃料气体的内部还原,简化了设备。

但是,固体氧化物燃料电池也存在缺点:

(1)氧化物电解质材料为陶瓷材料,质脆易裂,电堆的组装较困难。

(2)高温热应力作用会引起电池龟裂,所以主要部件的热膨胀率应严格匹配。

(3)存在自由能损失。

(4)工作温度高,预热时间较长,不适用于需经常起动的、非固定场所。

技能实训

燃料电池和燃料电池车辆的认识

(一)实训设备

根据实训条件,准备燃料电池或氢燃料电池模型车,电脑和多媒体。

(二)实训简介

燃料电池模型车是利用光线照射在太阳能电池板上产生电能,然后利用产生的电能作用在电解电池模块上,使水发生电解产生氢气和氧气。氢气和氧气进入到发电模块产生电能,带动小车运行或对小车内部储能模块充电。氢燃料电池模型车的使用可以使学生对电解水过程和其逆过程——氢氧反应产生电能,电能通过微型电动机产生动能,有一个直观的认识。

(三)安全注意事项

(1)只能使用去离子水。

(2)每次使用前先用去离子水浸泡电极 10min。

(3)当使用直流电压源与电解电池模块连接时,要注意电池的正负极不要接反(如接反会造成电解电池模块损坏),最大工作电流不要超过 0.6A。

(4)当完成试验后,把水从电池块中清除干净。

(5)电解模块放在自封袋中保存。

(四)使用说明

(1)按照使用说明书要求,把各个模块放置在模型车体恰当的位置上。

(2)把电解模块与储罐间的接口用透明塑料管进行连接。

(3)向储罐中加入水,使电解电池充满水。

(4)把太阳能电池板的正、负极与电解电池的正、负极分别相连接,用光源照射太阳能电池板或将太阳能电池板放在阳光下,有气体在电解电池两侧产生。

(5)电解几分钟后,把模型车驱动模块的正负极与发电电池的正负极连接,电池产生电能使模型车驱动电机转动,推动模型车运动。

模块小结

(1)燃料电池与普通化学电池类似,两者都是通过化学反应将化学能转换成电能。

(2)燃料电池的分类有多种方法,可以依据其工作温度、燃料种类、电解质类型、燃料处理方式的不同进行分类。

(3)燃料电池作为发电装置,没有传统发电装置上的原动机驱动发电装置,而是将燃料同氧化剂反应的化学能直接转化为电能。只要不中断供应燃料,它就可以不停地发电。

(4)燃料电池工作原理:燃料及氧化剂在电池的阴极和阳极上借助催化剂的作用,电离成离子,由于离子能通过两电极中间的电解质在电极间迁移,在阴电极、阳电极间形成电压,当电极同外部负载构成回路时就可向外供电(发电)。

(5)质子交换膜燃料电池由质子交换膜、催化剂层、扩散层、双极板等组成。

(6)磷酸燃料电池是以磷酸为导电电解质的酸性燃料电池。

(7)固体氧化物燃料电池是一种在中高温下直接将储存在燃料和氧化剂中的化学能高效、环境友好地转化成电能的全固态化学发电装置。

思考与练习

(一)填空题

1. 燃料电池按燃料处理方式的不同,可分为________、________和________。

2. 质子交换膜燃料电池在原理上相当于水电解的"逆"装置。其单电池由________、________和________组成。

3. 熔融碳酸盐燃料电池是由________、________、________、金属极板构成的燃料电池。

(二)简答题

1. 燃料电池的分类有哪些?
2. 燃料电池的优点有哪些?
3. 简述燃料电池的结构与工作原理。
4. 简述固体氧化物燃料电池的特点。

模块七 电动汽车的其他动力源

学习目标

1. 了解锌空气电池的结构与工作原理；
2. 了解飞轮电池的结构与工作原理；
3. 认识锌空气电池和飞轮电池在新能源汽车上的使用。

建议课时:2 课时。

一、锌空气电池

锌空气电池(图 7-1)是以空气中的氧作为正极活性物质的一种高效环保型电池。理论上锌空气电池的质量比能量为 1350Wh/kg,体积比能量为 1050Wh/L,这是现在所有化学电源中最高的,实际比能量也是最高的。锌空气电池放电电压平稳,放电持续时间长,无环境污染,成本低,制作工艺简单,被誉为面向 21 世纪的环保型新能源,在电动公交车上广泛应用。

图 7-1　锌空气电池

(一)锌空气电池的结构与工作原理

1. 锌空气电池的结构

锌空气电池的基本结构如图 7-2 所示,主要由阳极、阴极、隔离层、绝缘和密封层、电解液和外壳等组成。阳极是起催化作用的炭;阴极是锌粉和电解液的糊状混合物;隔离层用于隔离两极间固体粉粒的移动;绝缘和密封层是尼龙材料;电解液是高浓度的氢氧化钾水溶液;外壳是金属镍,是具有良好的防腐性的导体。

2. 锌空气电池的工作原理

锌空气电池是以空气中的氧气为正极活性物质,金属锌为负极活性物质的一种新型化学电源。锌空气电池是一种半蓄电池半燃料电池。首先,负极活性物质同锌锰、铅酸等蓄电池一样封装在电池内部,具有蓄电池的特点;其次,正极活性物质来自电池外部的空气中所含的氧,理论上有无限容量,是燃料电池的典型特征。

锌空气电池的化学反应与普通碱性电池类似,其基本工作原理为:电池阳极上的锌与电解液中的 OH^- 发生电化学反应(阴极反应),释放出电子。同时 GDE(气体扩散电极或空气阴极)反应层中的催化剂与电解液及经由扩散作用进入电池的空气中的氧气相接触,吸收电子,发生电化学反应(阳极反应),如图 7-3 所示。

电化学反应式如下。

阳极:$Zn - 2OH^- = ZnO + H_2O + 2e^-$

阴极:$O_2 + 2H_2O + 4e^- = 4OH^-$

综合:$2Zn + O_2 = 2ZnO$

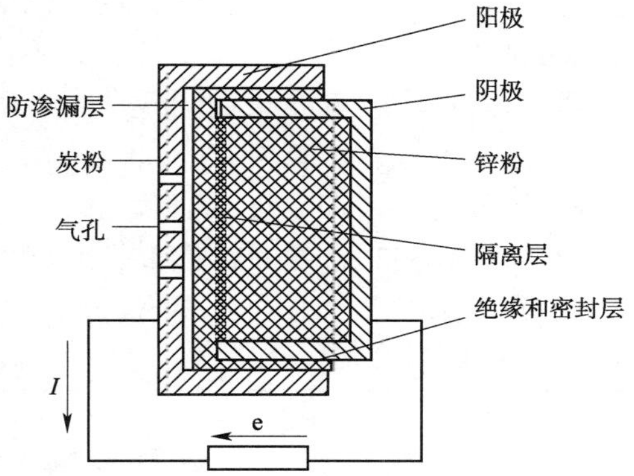

图 7-2 锌空气电池的基本结构

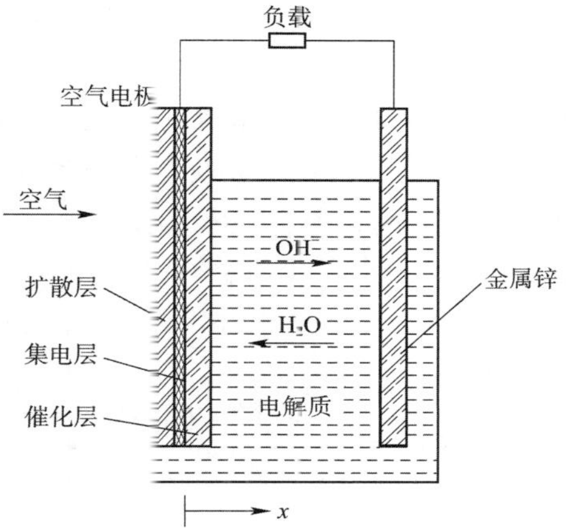

图 7-3 锌空气电池的工作原理图

(二)锌空气电池的分类

锌空气电池根据其充电的方式,以及在电动车辆和其他领域上应用的特点可分为三类:直接再充式锌空气电池、机械充电式锌空气电池以及注入式锌空气电池。

1. 直接再充式锌空气电池

直接再充式锌空气电池直接对锌空气电池的锌电极充电,在此过程中,锌在碱性溶液中的电化学活性很大,同时热力学性质不稳定,充电产物锌酸盐在强碱溶液中的溶解度较高,容易出现电极变形、枝晶生长、自腐蚀及钝化等现象,从而导致电极逐渐失效。另外,空气电极可逆性差,在大气环境中电解液容易碳酸化,且电解液受空气湿度的影响较大。当空气相对湿度较低时,电池将损失水分,导致电解液不足,使得电池失效;当空气相对湿度较高时,电解液变稀,导电率降低,还有可能淹没气体电极的催化层,降低电极活性,从而导致电池失效。因此,直接再充式锌空气电池的应用受到了一定的限制。

2. 机械充电式锌空气电池

鉴于直接再充式锌空气电池存在的问题,根据锌空气电池的放电特征及自身的特点,可以采用机械式充电。机械式充电是指在电池完全放电后,将电池中用过的锌电极取出后换入新的锌电极，或者将整个电池组进行完全更换，整个过程控制在较短的时间内。该方式对普及锌空气电池电动车辆非常有利。使用过的锌电极或锌空气电池可以在专门的锌回收利用厂进行回收再加工，实现绿色环保无污染生产。

3. 注入式锌空气电池

注入式锌空气电池的基本原理与机械充电式锌空气电池相似，本质上都是更换锌极活性物质。该种电池是将配制好的锌膏源源不断地通过挤压或压力输送送入电池内，同时将反应完毕的混合物抽取到电池外，这样在电动车辆上应用时，电池系统只需携带盛放锌膏的燃料罐，燃料罐加注足够的锌膏燃料就可实现车辆的连续行驶。

（三）锌空气电池的基本特性

1. 充电特性

锌空气电池的充电模式，打破了普通蓄电池的常规充电模式，例如采用机械式更换电池的锌板或锌粒的充电模式，整体更换锌空气电池的活性物质，将整个锌空气电池进行更换，电池不再需要花很长的时间来充电，更换一块 20kWh 的电池块只需要一分多钟。只要在公路沿线设置锌板或锌粒匣以及电解质器匣的机械式整体更换站，其效果如同现在内燃机汽车的加油站，直接充电，可以为用户提供很大的方便。《电动汽车用锌空气电池》（GB/Z 18333.2—2015）中，将电动汽车用锌空气电池分为机械再充电式锌空气电池和电化学再充电式锌空气电池两类。《电动汽车用锌空气电池》（GB/Z 18333.2—2015）标准锌空气电池技术性能见表 7-1。

GB/Z 18333.2—2015 标准锌空气电池技术性能 表 7-1

型号	标称电压（V）	放电终了电压（V）	额定容量（C_3/Ah）	质量（kg）	外形尺寸（长×宽×高）（mm×mm×mm）		
10XKFJ60	12	9	60	≤5	272	116	175
10XKFJ120	12	9	120	≤11	388	116	175
10XKFJ200	12	9	200	≤19	366	178	260
28010XKFJ160	12	9	160	≤18	490	165	280

注：额定容量为在（20±2）℃的条件下，以 1/3（A）（$I = C_3/3$）的电流放电达到终了电压为 9V 时，锌空气电池输出的电量。

2. 放电特性

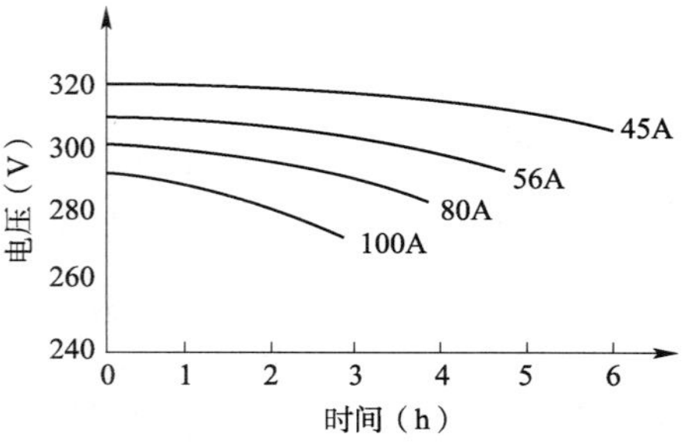

图 7-4 锌空气电池放电特性

锌空气电池能够持续大电流放电，可以为电动汽车加速或爬坡时提供所需的大电流，并且有利于延长电动汽车的行驶里程。锌空气电池随放电电流强度变化的特性见图 7-4。

锌空气电池的电化学反应过程中，要与空气中氧气发生作用，只要阻隔空气进入锌空气电池即可使锌空气电池的电化学反应无法进行，可以使锌长时期保持其活性。实际使用时锌空气电池的自放电率很低，接近于零,具有长期保持电能的能力。

(四)锌空气电池的特点

1. 锌空气电池优点

(1)比能量大

锌空气电池的理论比能量可达1350Wh/kg,目前的锌空气电池的实际比能量只达180～230Wh/kg,仍然是铅酸电池的4.35～5.5倍。能量密度达230Wh/L,也是铅酸电池的2～3倍。采用锌空气电池后,电动车辆能够明显地提高车辆的续驶里程。

(2)性能稳定

成组的锌空气电池具有良好的一致性,没有其他类型电池的充电和放电的不均匀现象。允许深度放电,电池的容量不受放电强度和温度的影响,能在－20～80℃的温度范围内正常工作。锌空气电池可以完全实现密封免维护,便于电池组能量的管理。

(3)安全性好

锌空气电池能够有效地防止因泄漏、短路引起的起火或爆炸。锌没有腐蚀作用,可以完全实现密封免维护,对人体不会造成伤害和危险。

(4)锌可以回收利用、制造成本低

锌的来源丰富,生产成本较低。回收再生方便,回收再生成本也较低,可以建立废电池回收再生工厂。

(5)绿色环保

锌在循环使用过程中,不会污染环境。

2. 锌空气电池缺点

(1)比功率比较低

锌空气电池虽然比能量高,但能量释放的速度比较慢,因此,锌空气电池的比功率比较低,对电动汽车的动力性能有一定的影响,充电速度慢、时间长,一般采用机械式快速更换锌粒或锌片的方法,来实现锌空气电池的快速充电问题。

(2)吸水性

锌空气电池对空气湿度含量较敏感,锌空气电池的临界相对湿度约为60%。相对湿度低于60%,电池中的水分偏低,可能产生电力不足和寿命缩短的问题;相对湿度高于60%,电池中的水分偏多,可能出现泄漏。

(3)需定期清洁

随空气进入锌空气电池的二氧化碳,会与锌空气电池的碱性电解液形成碱性碳酸盐或亚碳酸盐,碳酸盐或亚碳酸盐可能在负极上结晶,破坏负极的性能并堵塞部分空气通道,锌空气电池会产生电力不足和寿命缩短现象,因此,锌空气电池需要采用二氧化碳清除剂。

(五)锌空气电池开发应用

以色列电燃料(Electric Fuel)有限公司开发的锌空气电池,装在载重1000kg、总重3500kg的电动邮政车上,实验结果为:比能量达到207Wh/kg,350kg的锌空气电池使电动邮政车行驶了300km,最高车速可达120km/h,由静止加速到80km/h为12s,具有良好的动力性能。更换锌粒匣和灌满电解质的时间为 2min。以色列设有每小时能处理 10kg 锌的再生处理厂,可以供给 10～15 辆电动邮政车更换锌粒匣。

德国奔驰汽车公司的 MB410 型电动厢式车,标准总质量为 4000kg,采用 150kWh 的锌空气电池,从法国的 Chambery 城越过阿尔卑斯山,连续爬坡 150km,公路全程 244km 到达意大利的都灵,仅消耗了 65% 的电量(97.5kWh)。该车从德国的不来梅到波恩,最高车速达到 120km/h,一次充电后走完全程 425km 的路程。

美国 Dreisback Electromotive 公司开发的锌空气电池,已在公共汽车和总重 9t 的货车上使用,公共汽车可连续行驶 10h 左右,货车最大续驶里程达 113km。

瑞典斯德哥尔摩市的电动货车、电动客车和电动服务车辆上,采用的锌空气电池比能量为 180Wh/kg,比功率为 100Wh/L,续驶里程在 350～425km。该市的锌空气电池废料回收处理能力为 250kg/h,可为 150 辆电动汽车提供再生的锌粒。

图 7-5　国产锌空气电池大客车

国内部分厂家已经在注入式锌空气电池方面开展了多年的研究工作,并且在部分电动车辆上进行了实验性装车测试。2010 年,北京市安排 5 辆电动大客车和环卫车进行运行测试,在北京市政府指定的线路进行路试,投入市公交和环卫系统的试验运行,为市场化运作提供可靠的依据(图 7-5)。

由于空气中的氧气随时可取,又不占用电池空间,因此在相同体积、质量之下,这种全新的锌空气电池可以储存更多的反应原料。与传统电池相比,它的能量更高、成本更低(价格不高于先行电池)、使用期可以更长。以 7 号电池为例,锌空气电池的容量是同型号碱性电池的 2.5 倍,而质量却是碱性电池的 2/3,在通常使用情况下手机电池,待机时间可超过 45d。

作为面向 21 世纪的新型能源,锌空气电池具有容量大、能量高、工作电压平稳、使用寿命长、原材料丰富、价格合理等强大的竞争优势,对我国这样的全球最大电池生产国具有极其重要的意义。

二、飞轮电池

飞轮电池(图 7-6)的概念起源于 20 世纪 70 年代早期,最初只是想将其应用在电动汽车上,但限于当时的技术水平,并没有得到发展。直到 20 世纪 90 年代,由于电路拓扑思想的发展、碳纤维材料的广泛应用以及全世界范围对污染的重视,这种新型电池又得到了高速发展,并且伴随着磁轴承技术的发展,这种电池显示出更加广阔的应用前景,现正迅速地从实验室走向社会。欧美国家已出现实用化产品,而我国在这方面的研究才刚刚起步。

(一)飞轮电池的结构与工作原理

飞轮电池主要由飞轮、电动机、发电机和输入和输出电子装置组成,如图 7-7 所示。

图 7-6 飞轮电池

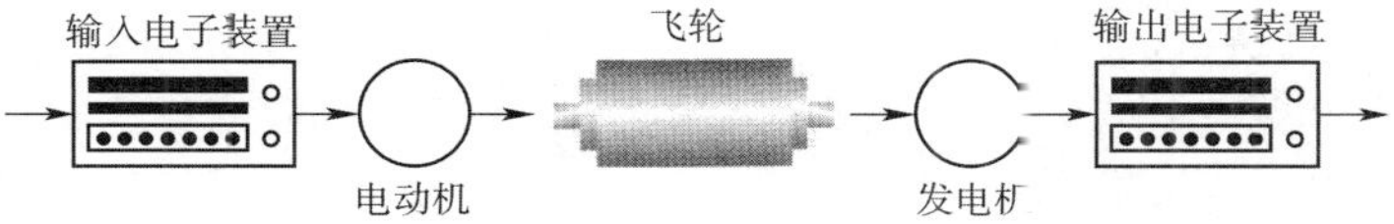

图 7-7 飞轮电池结构示意图

飞轮电池的内部结构如图 7-8 所示,它主要由飞轮、轴、轴承、电动机、真空容器和电力电子变换器等部件组成。飞轮是整个电池装置的核心部件,它直接决定了整个装置的储能多少。电力电子变换器通常是由场效应晶体管和绝缘栅极场效应晶体管组成的双向逆变器,它们决定了飞轮装置输入、输出能量的大小。

飞轮储能电池系统包括三个核心部分:飞轮、电动机、发电机和电力电子变换装置。电力电子变换装置从外部输入电能驱动电动机旋转,电动机带动飞轮旋转,飞轮储存动能(机械能)。当外部负载需要能量时,用飞轮带动发电机旋转,将动能转化为电能,再通过电力电子变换装置变成负载所需要的各种频率、电压等级的电能,以满足不同的需求。

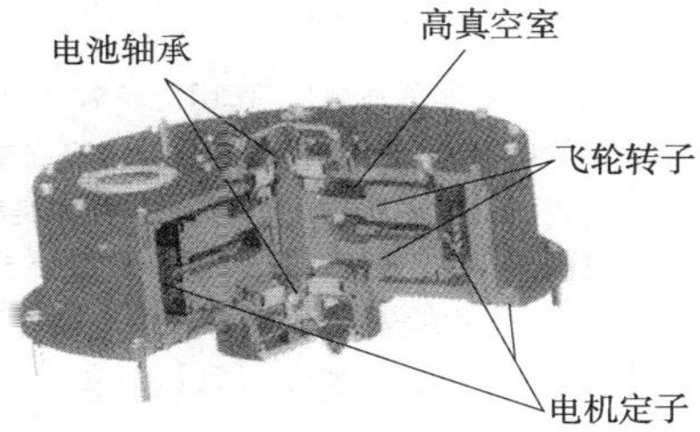

图 7-8 飞轮电池的内部结构

飞轮电池比能量可达 150Wh/kg,比功率达 5000 ~ 10000W/kg,使用寿命长达 25 年,理论可供电动汽车行驶达 5000 万 km。美国飞轮系统公司已用最新研制的飞轮电池成功地把一辆克莱斯勒 LHS 轿车改成电动轿车,一次充电可行驶 600km,由静止到 96km/h 的加速时间为 6.5s。

(二)飞轮电池的特性

飞轮电池兼顾了化学电池、燃料电池和超导电池等储能装置的诸多优点,主要表现在如下几个方面。

(1)能量密度高:储能密度可达 100 ~ 200Wh/kg,功率密度可达 5000 ~ 10000W/kg。

(2)能量转换效率高:工作效率高达 90%。

(3)体积小、质量轻:飞轮直径约 20cm,总重在 10kg 左右。

(4)工作温度范围广:对环境温度没有严格要求。

(5)使用寿命长:不受重复深度放电影响,能够循环几百万次,预期寿命 20 年以上。

(6)低损耗、低维护:磁悬浮轴承和真空环境使机械损耗可以被忽略,系统维护周期长。

(三)飞轮电池在电动汽车上的应用

汽车用飞轮电池典型代表为保时捷911GT3油电混合动力汽车,如图7-9所示。采用飞轮电池设计,这套针对赛车开发的油电混合动力系统,采用前轮电力驱动搭配后轮发动机驱动的油电混合四驱模式。此动力总成特点:由左、右前轮传动轴配有60kW两台电动机,配合350kW六缸水平对置发动机;采用体积小、效能高的电控飞轮;利用飞轮物理储能取代现行主流的镍-氢与锂电池组设计。飞轮电池组最高转速可达40000r/min,搭配前轮轴两颗电机组成充放电架构。在制动时前轮电动机成为发电机,将前轮制动动能转换为电能并回充至飞轮电机。当踏踩加速踏板输出动力时,飞轮电池又可提供电力驱动两台电动机,保时捷911GT3一次全力放电时,高达120kW的前轮总输出功率将可维持6~8s。飞轮电池总成见图7-10。

图7-9　保时捷采用飞轮电池储能系统
1-电能控制器;2-左右前轮轴电动机;3-高压电线;4-电控飞轮电池;5-电能控制器

图7-10　座椅下部的飞轮电池总成
1-高速飞轮;2-磁悬浮轴承;3-电力电子变换装置

KERS是动能回收系统(Kinetic Energy Recovery Systems)的英文缩写。该系统通过技术手段将车身制动能量存储起来,并在赛车加速过程中将其作为辅助动力释放利用(图7-11)。现在市面上有两种基本类型的KERS系统:电池—电机动能(或油电混合动力)系统和飞轮(机械动能)回收系统。机电动能回收系统运用设置于赛车传动系统中的电动发动机来转变机械能为电能,或将电能转为机械能。一旦有多余的能量,它将被存储于电池中,在需要的时候释放出来。

沃尔沃成功地将F1上的KERS技术应用在了量产车型上,目前赛事规则允许系统最多传送60kW(大概为80制动马力❶)的能量,而存储量被限定为400kJ。这意味着对于任何每圈耗时6.67s的赛车而言都有80马力的能量可用。该能量可以立刻释放出来,亦可在赛道的不同赛点逐渐释放。这样,每一赛圈的速度提幅的范围可达0.1~0.4s(图7-12)。

机械动能(飞轮)回收系统捕捉制动能量并利用它来驱动一个转速可高达每分钟60000转的飞速旋转的飞轮。当需要额外的能量时,飞轮被连接到汽车的后轮上,与电动式的回收系统形成对照的是,机械式的动能回收并不改变状态,因此也效率更高。这套CVT传动系统让低速的车轮可以驱动超高速飞轮储存惯性能量,也能够在需要的时候,从惯性飞轮中输

❶ 1马力=735.499W,下同。

出能量到驱动轮上。KERS 工作的整个过程由一套起动离合器与齿轮组负责动能回收过程与释放过程的适时切换。这样一来,一套几乎完全由传统机械结构组成的飞轮 KERS 动能回收系统,仅用齿轮组、碳纤维飞轮、少量电控设备就实现了原本油电混合动力系统中所需的电池组、电动机、齿轮组、复杂电控设备这样庞杂机构的相同功能,并且可靠性、耐久性以及易维护性都更好。

图 7-11 飞轮式 KERS

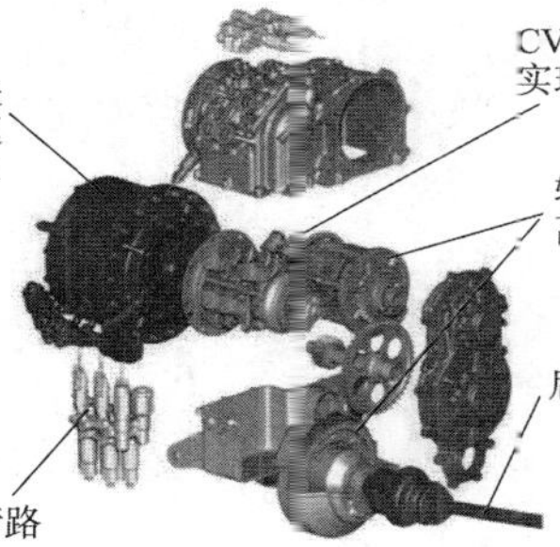

图 7-12 沃尔沃机械动能系统基本结构

三、超级电容器

(一)超级电容器的结构与工作原理

1. 超级电容器的结构

超级电容器又叫双电层电容器、电化学电容器、黄金电容器、法拉电容器,通过极化电解质来储能的。

超级电容器是一种电化学元件,但在其储能的过程中并不发生化学反应,这种储能过程是可逆的,因此超级电容器可以反复充放电数十万次。超级电容器可以被视为悬浮在电解质中的两个无反应活性的多孔电极板,在极板上加电,正极板吸引电解质中的负离子,负极板吸引正离子,实际上形成两个容性存储层,被分离开的正离子在负极板附近,负离子在正极板附近。

超级电容器是建立在德国物理学家亥姆霍兹提出的界面双电层理论基础上的一种全新的电容器。众所周知,插入电解质溶液中的金属电极表面与液面两侧会出现符号相反的过剩电荷,从而使相间产生电位差。那么,如果在电解液中同时插入两个电极,并在其间施加一个小于电解质溶液分解电压的电压,这时电解液中的正、负离子在电场的作用下会迅速向两极运动,并分别在两个电极的表面形成紧密的电荷层,即双电层,它和传统电容器中的电解质在电场作用下产生的极化电荷相似,会产生电容效应,紧密的双电层近似于平板电容器。但是,由于紧密的电荷层间距比普通电容器电荷层间的距离小得多,所以具有比普通电容器更大的容量。

超级电容器与铝电解电容器相比内阻较大,因此,可在无负载情况下直接充电。如果出现过电压充电的情况,超级电容器将会开路而不致损坏器件 这一特点与铝电解电容器的过电压击穿不同。同时,与可充电电池相比,超级电容器可进行不限流充电,且充电次数可达

10^6次以上。因此,超级电容器不仅具有电容器的特性,还具有电池的特性,是一种介于电池和电容器之间的新型特殊元器件,如图 7-13 和图 7-14 所示。

图 7-13　圆形超级电容器

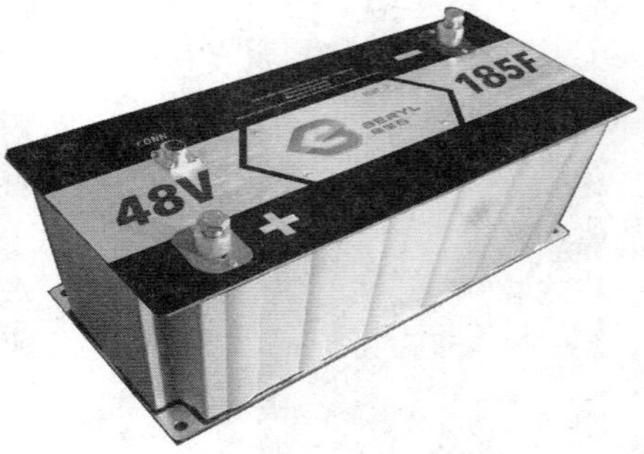

图 7-14　超级电容器组

图 7-15 为双层超级电容器的基本结构。双层超级电容器的一对电容板上装有固体活性物质,在两个电容板之间,装有电解液,以及将正极与负极隔离的绝缘层,电极采用孔径 50～100μm 的碳粒子多孔材料制成,在电极/电解液界面形成的平面作为隔离电荷的屏障。电解液界面的两侧带有极性相反的电荷,电荷沿电容板和电解界面成对排列形成一个双层电容器。超级电容器的正、负极上的电荷,在数量上要比普通电容器大得多。

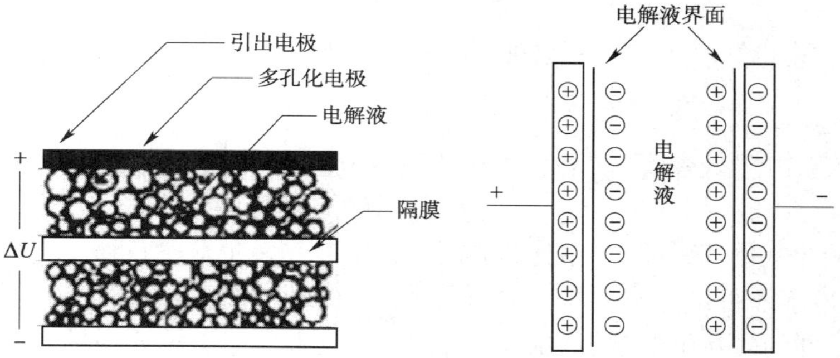

图 7-15　超级电容器的结构原理

2. 超级电容器的工作原理

当外加电压到超级电容器的两个极板上时,与普通电容器一样,超级电容器极板的正电极存储正电荷,负电极存储负电荷。在两极板上电荷产生的电场作用下,电解液与电极间的界面上形成相反的电荷,以平衡电解液的内电场,这种正电荷与负电荷在两个不同相之间的接触面上,以正、负电荷之间极短间隙排列在相反的位置上,叫作双电层,因此电容量非常大。当两极板间电势(通常为 3V 以下)低于电解液的氧化还原电极电位时,电解液界面上电荷不会脱离电解液,超级电容器为正常工作状态;当电容器两端电压超过电解液的氧化还原电极电位时,电解液将分解,超级电容器为非正常工作状态。由于随着超级电容器放电,正、负极板上的电荷被外电路泄放,电解液界面上的电荷相应减少。由此可以看出,超级电容器的充放电过程始终是物理过程,没有化学反应。因此,超级电容器的性能是稳定的,与利用化学反应的蓄电池是不同的。

(二)超级电容器的分类

1. 按工作原理分类

按工作原理来分,超级电容器可分为双电层型超级电容器和赝电容型超级电容器两种类型。

双电层型超级电容器的电极材料有活性炭电极材料、碳纤维电极材料、碳气凝胶电极材料和碳纳米管电极材料等,采用这些材料可以制成平板型超级电容器和绕卷型溶剂电容器。平板型超级电容器,多采用平板状和圆片状的电极,另外也有多层叠片串联组合而成的高压超级电容器,可以达到300V以上的工作电压。绕卷型溶剂电容器,采用电极材料涂覆在集流体上,经过绕制得到,这类电容器通常具有更大的电容量和更高的功率密度。

赝电容型超级电容器包括金属氧化物电极材料与聚合物电极材料,金属氧化物材料包括 NiO_x、MnO_2、V_2O_5 等作为正极材料,活性炭作为负极材料制备超级电容器。导电聚合物材料包括 PPY、PTH、PAni、PAS、PFPT 等经 P 型或 N 型或 P/N 型掺杂制取电极,以此制备超级电容器。这一类型超级电容器具有非常高的能量密度。

2. 按电解质类型分类

按电解质类型来分,超级电容器可以分为水性电解质超级电容器和有机电解质超级电容器两种类型。

(1)水性电解质。

酸性电解质:多采用36%的 H_2SO_4 水溶液作为电解质。

碱性电解质:通常采用 KOH、NaOH 等强碱作为电解质,水作为溶剂。

中性电解质:通常采用 KCl、NaCl 等盐作为电解质,水作为溶剂,多用于氧化锰电极材料的电解液。

(2)有机电解质。

通常采用 $LiClO_4$ 为典型代表的锂盐、$TEABF_4$ 为典型代表的季铵盐等作为电解质,有机溶剂如 PC、ACN、GBL、THL 等作为溶剂,电解质在溶剂中接近饱和溶解度。

3. 其他分类

(1)液体电解质超级电容器。

多数超级电容器电解质均为液态。

(2)固体电解质超级电容器。

随着锂离子电池固态电解液的发展,对凝胶和 PEO 等固体电解质在超级电容器中的应用也逐渐广泛起来。

(三)超级电容器的特点

1. 优点

(1)超级电容器可以大电流充电,当超级电容器电动公交汽车到达车站时,可以快速充电,储备电荷,然后在车辆行驶时,为车辆提供电能。超级电容器还可以大电流放电,一般在电动车辆上所采用的超级电容器的单位容量可达1500F以上,因此可以在电动车辆起动时提供所需要的峰值电流,减小主电源(动力电池组)的负荷,延长动力电池组的寿命。

(2)超级电容器在充放电的过程中,能够实现快速充电,在数十秒到数分钟间内,即可完成对电容器的充电,充放电效率可达到98%(动力电池为70%左右)。整个充放电过程中,没有任何化学反应过程,没有任何噪声,不对周边环境造成污染,是一种更加理想的电能储能器。超级电容器功率密度高于现有的各种动力电池。

(3)工作温度范围很广,在 -40 ~ +50℃的温度范围内性能变化小,循环寿命长达到10万次。性能稳定、制动能量回收率可达到40% ~70%。

(4)安全系数高,无毒性、无污染、结构简单、质量轻、体积小、长期使用可免维护。

(5)检测方便,剩余电量可直接读出。

2. 缺点

(1)超级电容器的能量密度远低于其他动力电池的能量密度,装备双电层超级电容器的电动车,一次充电的行程不超过30km,只适合在行程10km或行驶5min的充电站点范围内运行,因此需要频繁充电,这也限制了超级电容器的灵活性和超级电容器汽车的行驶里程。

(2)活性炭的理论容量大于600F/g,目前商品化超级电容器使用的活性炭的实际容量小于200F/g,理论的比能量为10 ~15Wh/kg,实际的比能量为3 ~6Wh/kg,说明超级电容器还存在相当大的潜力,如果活性炭的比容量能够达到75 ~100F/cm,超级电容器的体积和质量还可以大幅度减小。目前超级电容器的价格为5美元/Wh,远期目标价格为1美元/Wh,目前使用成本还较高。

(3)受电压或温度变化的影响,超级电容器的循环次数(寿命)将快速下降,双层超级电容器的电压每上升0.1V寿命减少一半,温度每上升1℃寿命减少一半,控制在25℃时可以达到预期寿命,如果使用温度为45℃,则预期寿命为2.5年,使用温度为55℃,则预期寿命仅为14个月。

(四)超级电容器在电动汽车上的应用

由于超级电容器的优越性能和近年来对超级电容器开发能力的提高,超级电容器在工业领域中得到了广泛应用。目前,世界各国争相研究、并越来越多地将其应用到电动车上(图7-16)。超级电容器已经成为电动车电源发展的新趋势,而超级电容器与蓄电池组成的复合电源系统被认为是解决未来电动车动力问题的最佳途径之一。

图7-16　国外超级电容器电动汽车

1. 日本的状况

日本是将超级电容器应用于混合动力电动汽车的先驱。超级电容器是近年来日本电动车动力系统开发中的重要领域之一。本田的 FCX 燃料电池—超级电容器混合动力车是世界上最早实现商品化的燃料电池轿车，该车已于 2002 年在日本和美国的加州上市。日产公司于 2002 年 6 月 24 日生产了安装有柴油机、电动机和超级电容器的并联混合动力卡车。此外，还推出了天然气—超级电容器混合动力客车，该车的经济性是原来传统天然气汽车的 2.4 倍。目前，装备超级电容器的混合动力电动公交车已经成为日本的国家攻关项目。

2. 欧美的状况

瑞士的 PSI 研究所给一辆 48kW 的燃料电池车安装了储能 360Wh 的超级电容组，超级电容器承担了驱动系统在减速和起动时的全部瞬态功率，以 50kW 的 15s 额定脉冲功率来协助燃料电池工作，牵引电机额定连续功率为 45kW，峰值功率为 75kW，采用 360V 的直流电源。

1996 年俄罗斯的 Eltran 公司研制出以超级电容器作电源的电动汽车，采用 300 个电容器串联，充电一次可行驶 12km，时速为 25km。

美国在超级电容器混合动力汽车方面的研究也取得了一定进展，Maxwell 公司所开发的超级电容器在各种类型电动汽车上都得到了良好的应用。美国相关研究中心研制的混合动力客车采用超级电容作为主要的能量存储系统。

3. 中国的现状

目前，国内对以超级电容器作为唯一能源的电动汽车研究取得了一定的进展。2004 年 7 月，我国首部“电容蓄能变频驱动式无轨电车”在上海张江投入试运行，该公交车利用超级电容器比功率大和公共交通定点停车的特点，当电车停靠站时在 30s 内快速充电，充电后就可持续提供电能，时速可达 44km。2005 年 1 月，上海交通大学与山东烟台市签署协议，共同投资开发超级电容器公交电车，计划在烟台福山区建一条 12km 的示范线，在福山高新技术产业区建立年产 1 万辆新型环保超级电容公交车的生产基地。哈尔滨工业大学和巨容集团研制的超级电容器电动公交车，可容纳 50 名乘客，最高速度 20km/h。但是，国内目前对超级电容—蓄电池复合电源电动车的设计及控制，基本上还处于起步阶段。

在 2016 德国汉诺威车展上，中国宁波浙江中车电车有限公司研制的新一代超级电容储能式现代电车成为全场焦点，此次车展后该公司的产品将正式投资示范线路的运营，这也是我国第一次向欧洲出口超级电容器汽车。

该款车车身长 18m，车身将采用防腐蚀、寿命超级的轻量化铝化金，为第二代超级电容储能式现代电车，并通过严苛的欧盟认证。

目前国内应用超电器电容的一般常在有轨电车和无轨电车上面使用，据相关数据显示，到 2013 年，超级电容器市场将增长约 20 倍，年均复合增长高达 39%，此次随着二代超器电容存储器的问世，将开启国内超电容器市场进出口崭新的开始，超级电容器市场潜力巨大（图 7-17）。

图 7-17 国内超级电容器电动汽车

技能实训

锌空气电池、超级电容器和飞轮电池的认识

(一)实训设备

根据实训条件,准备锌空气电池、超级电容器和飞轮电池总成或车辆,电脑和多媒体。

(二)实训准备

有网络的实训场地。

(三)实训过程

(1)分组观察,认识空气电池、超级电容器和飞轮电池的结构。
(2)通过网络查询其工作原理和结构特点。

模块小结

(1)锌空气电池的基本结构主要由阳极、阴极、隔离层、绝缘和密封层、电解液和外壳等组成。

(2)锌空气电池的化学反应与普通碱性电池类似,其基本工作原理为电池阳极上的锌与电解液中的 OH^- 发生电化学反应(阴极反应),释放出电子。同时 GDE(气体扩散电极或空气阴极)反应层中的催化剂与电解液及经由扩散作用与进入电池的空气中的氧气相接触,吸收电子,发生电化学反应(阳极反应)。

(3)锌空气电池根据其充电的方式,以及在电动车辆及其他领域上应用的特点可分为三类:直接再充式锌空气电池、机械充电式锌空气电池以及注入式锌空气电池。

(4)飞轮电池主要由飞轮、电动机、发电机和输入/输出电子装置组成。

(5)超级电容器是一种电化学元件,但在其储能的过程中并不发生化学反应,这种储能过程是可逆的,因此超级电容器可以反复充放电数十万次。

(6)超级电容器的结构主要由电极、电解液、隔膜、壳体等组成。

思考与练习

(一)填空题

1. 锌空气电池的基本结构主要由________、________、________、________和密封层、________和________等组成。

2. 双电层型超级电容器的电极材料有________、________、碳气凝胶电极材料和

________等。

3. 水性电解质超级电容器又可分为：________和________。

4. 轮电池的内部结构主要由________、________、________、________、真空容器和________等部件组成。

(二)简答题

1. 简述锌空气电池的工作原理。

2. 锌空气电池的优点有哪些？

3. 飞轮电池的特性有哪些？

4. 简述超级电容器的缺点。

模块八 电动汽车动力电池充电

学习目标

1. 了解电动汽车动力电池的充电方法；
2. 了解电动汽车充电设备的类型；
3. 熟悉充电设备的基本使用方法。

建议课时:4 课时。

电动汽车产业能否得到快速发展,充电技术是关键因素之一。智能、快速的充电方式成为电动汽车充电技术发展的趋势。

一、电动汽车充电方式

电动汽车充电方式主要有常规充电方式、快速充电方式、无线充电方式、移动式充电方式和电池更换方式等。

1. 常规充电方式

常规充电方式是采用恒压、恒流的传统充电方式对电动汽车进行充电,充电机的工作和安装成本相对比较低。电动汽车家用充电设施(车载充电机)和小型充电站多采用这种充电方式。车载充电机是电动汽车的一种最基本的充电设备,充电机作为标准配置固定在车上或放在后备厢里。由于只需将车载充电机的插头插到停车场或家中的电源插座上即可进行充电,因此充电过程一般由客户自己独立完成。这种充电方式可直接从低压照明电路取电,充电功率较小,由 220V/16A 规格的标准电网电源即可供电。典型的充电时间为 8 ~ 10h(SOC 值达到 95% 以上)。由于在家中充电通常是晚上或者是在电低谷期,有利于电能的有效利用。

图 8-1　小型充电站充电方式

小型充电站是电动汽车的一种最重要的充电方式,如图 8-1 所示,充电桩设置在街边、超市、办公楼、停车场等处，采用常规充电电流充电。电动汽车驾驶员只需将车停靠在充电站指定的位置上，接上专用充电线即可开始充电。计费方式是投币或刷卡，充电功率一般在 5 ~ 10kW，采用三相四线制 380V 供电或单相 220V 供电。其典型的充电时间是：补电 1 ~ 2h，充满 5 ~ 8h（SOC 值达到 95% 以上）。

常规充电方式主要优点是：充电技术成熟，技术门槛低，使用方便，容易推广普及；充电设施配置简单，占地较小，投资少；电池充电过程缓和，电池能够深度充满；充电时电池发热低，不易发生高温短路或爆炸危险，安全性较高；接口和相关标准较低；充电功率相对低，对配电网要求低，基础设施配套需求小；一般选择夜间充电，可避开傍晚用电高峰期。

常规充电方式主要缺点是：充电时间长，续驶里程有限，使用受到限制；只能用于有慢速充电需求的停车场所，如住宅小区停车场、社会公共停车场等。

常规充电站见图 8-2。

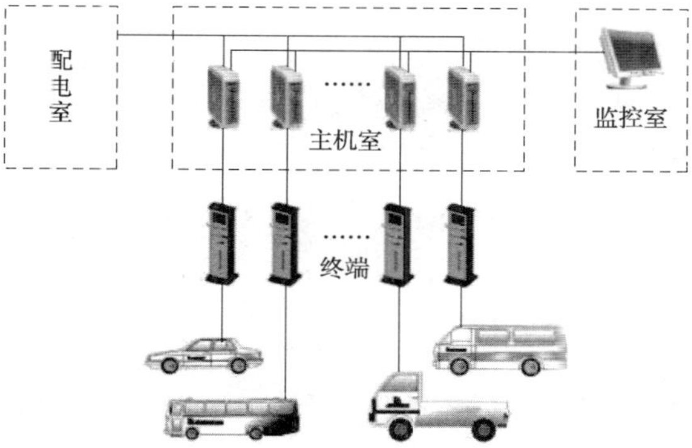

图 8-2 常规充电站示意图

2. 快速充电方式

快速充电方式以 150 ~ 400A 的高充电电流在短时间内为动力电池充电，与常规充电方式相比，安装成本相对较高。快速充电也可称为迅速充电或应急充电，其目的是在短时间内给电动汽车充满电。大型充电站多采用这种充电方式。

大型充电站的快速充电方式如图 8-3 所示，它主要针对长距离旅行或需要进行快速补充电能的情况进行充电，充电机功率很大，一般都大于 30kW，采用三相四线制 380V 供电。其典型的充电时间是 10 ~ 30min。这种充电方式对电池寿命有一定的影响，特别是普通动力电池不能进行快速充电，因为在短时间内接受大量的电量会导致动力电池过热。快速充电站的关键是非车载快速充电组件，它能够输出 35kW 甚至更高的功率。由于功率和电流的额定值都很高，因此这种充电方式对电网有较高的要求，一般应靠近 10kV 变电站附近或在监测站和服务中心中使用。

图 8-3 大型充电站（机）的快速充电方式

快速充电方式主要优点是：技术较为成熟，接口标准要求较低；充电速度快，增加电动汽车长途续航能力，是一种有效的补充方案。

快速充电方式主要缺点是：充电功率较大，接口和用电安全提高，电池散热成为重要因素；电池不能深度充电，一般为电池容量的80%左右，容易损害电池寿命，电池折旧成高；短时用电消耗大，对配电网要求较高，基础设施配套需求巨大。

3. 无线充电方式

电动汽车无线充电方式是利用无线电能传输技术对动力电池进行充电的一种新型充电方式，主要有电磁感应充电方式、磁共振充电方式和微波充电方式。

（1）电磁感应充电方式。

电磁感应充电方式是通过送电线圈和接收线圈之间传输电力，这是最接近实用化的一种充电方式。当送电线圈中有交变电流通过时，发送（初级）、接收（次级）两线圈之间产生交替变化的磁场，由此在次级线圈产生随磁场变化的感应电动势，通过接收线圈端对外输出交变电流。该充电方式存在的问题是：送电距离比较短，并且送电与受电两部分出现较大偏差时，电力传输效率就会明显下降；有异物进入时，会出现局部发热的情况；电磁波及高频方面的防护问题也不易解决；功率大小与线圈尺寸直接相关，需要大功率传送电力时，须在基础设施建设和电力设备方面加大投入。

（2）磁共振充电方式。

磁共振充电方式主要由电源、电力输出、电力接收、整流器等组成，基本原理与电磁感应方式基本相同。电源传输部分有电流通过时，所产生的交变磁束使接收部分产生电势，为电池充电时输出电流。与电磁感应充电方式的不同之处在于，磁共振充电方式加装了两个高频驱动电源，采用兼备线圈和电容器的LC共振电路，而并非由简单线圈构成送电和接收两个单元。共振频率的数值会随送电与接收单元之间距离的变化而改变，当传输距离发生改变时，传输效率也会像电磁感应一样迅速降低。因此，可通过控制电路调整共振频率，使两个单元的电路发生共振，即"共鸣"，也称这种磁共振状态为"磁共鸣"。在控制回路的作用下改变传送与接收的频率，可将电力传送距离增大至数米，同时将两单元电路的电阻降至最小以提高传输效率。传输效率还与发送和接收电单元的直径相关，传送面积越大，传输效率越高。目前的传输距离可达400mm左右，传输效率可达95%。磁共振充电方式技术上的难点是小型、高效率化比较难。现在的技术能力大约是直径0.5m的线圈，能在1m左右的距离提供60W的电力。

（3）微波充电方式。

微波充电方式使用2.45GHz的电波发生装置传送电力。传送的微波也是交流电波，可用天线在不同方向接收，用整流电路转换成直流电为电动汽车蓄电池充电，并且可以实现点对多点的远距离传送。为防止充电时微波外漏，充电部分装有金属屏蔽装置，使用中，送电与受电之间的有效屏蔽可防止微波外漏。该充电方式目前存在的主要的问题是磁控管产生微波时的效率过低，造成许多电力变为热能被白白消耗。

相对于电动汽车的有线充电而言，无线充电具有使用方便、安全、可靠，没有电火花和触电的危险，无积尘和接触损耗，无机械磨损，没有相应的维护问题，可以适应雨、雪等恶劣的天气和环境等优点。无线充电技术用于电动汽车充电可以降低人力成本，节省空间，不影响交通视线等。如果可以实现电动汽车的动态无线充电，则可以大幅减少电动汽车配备的动力电池容量，从而减轻整车质量，降低电动汽车的运行成本。

有了无线充电技术，公路上行驶的电动汽车或双能源汽车可通过安装在电线杆或其他高层建筑上的发射器快速补充电能。

电动汽车无线充电示意图如图 8-4 所示。

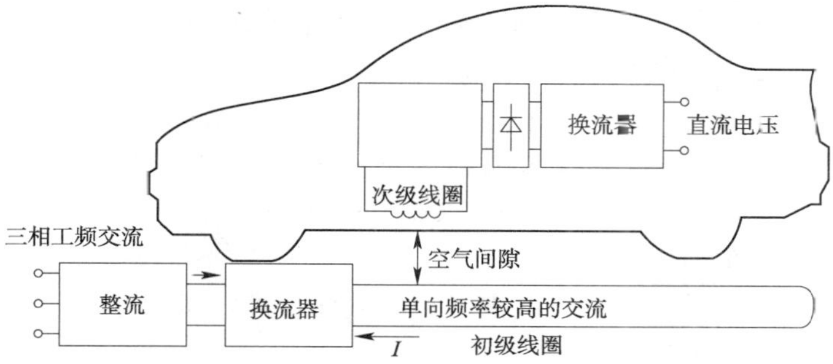

图 8-4　电动汽车无线充电示意图

4. 移动式充电方式

对电动汽车蓄电池而言，最理想的情况是电动汽车在路上行驶时充电，即所谓的移动式充电。这样，电动汽车用户就没有必要去寻找充电站、停放车辆并花费时间去充电。移动式充电系统埋设在一段路面之下，即充电区，不需要额外的空间。

接触式和感应式的移动式充电系统都可实施。接触式的移动式充电系统需要在车体的底部装一个接触拱，通过与嵌在路面上的充电元件相接触，接触拱便可获得瞬时高电流。当电动汽车行驶通过移动式充电区时，其充电过程为脉冲充电。对于感应式的移动式充电系统，车载式接触拱由感应线圈所取代，嵌在路面上的充电元件由可产生强磁场的高电流绕组所取代。很明显，由于机械损耗和接触拱的安装位置等因素的影响，接触式的移动式充电对人们的吸引力不大。

目前的研究主要集中在感应充电方式，因为它不需要机械接触，也不会产生大的位置误差。当然，这种充电方式的投资巨大，现在仍处于实验阶段。

总之，方便、高效的充电方式，是大量推广使用电动汽车的基础。

5. 电池更换方式

采用更换电池的方式迅速补充车辆电能，电池更换可在 10min 以内完成，理论上无限提升了车辆续驶里程。

图 8-5 所示为利用换电机器人为电动汽车更换电池。

图 8-5　利用换电机器人为电动汽车更换电池

电池更换方式的主要优点是：电池更换客户感受接近传统的加油站加油；用户只需购买裸车，电池采用租赁的方式，大幅降低了车辆价格；采用适合的充电方式保证电池的健康以及电池效能的发挥，电池集中管理便于集中回收和维护，减小环境污染；选择夜间用电低谷时段慢速充电，降低服务机构运行成本，对电网起到错峰填谷作用。

电池更换方式的主要缺点是：基础设施建设成本较高，占用场地大，电网配套要求高；需解决电动汽车更换电池方便的问题，如电池设计安装位置、电池拆卸难易程度等；需要电动汽车行业众多标准的严格统一，包括电池本身外形和各项参数的标准化、电池和电动汽车接口的标准化、电池和外置充电设备接口的标准化等；电池更换容易导致电池接口接触不良等问题，对电池及车辆接口的安全可靠要求提高；电池租赁带来的资产管理、物流配送、计价收费等一系列问题，运作复杂性和成本提高。

6. 未来其他前沿技术

Altair 纳米技术公司为电动汽车开发的锂离子电池可以极快的速度充电，容量高达 35kWh 的电池可以在 10h 之内充电完毕，安装这种电池的载人小汽车可以续航 160km，这是一栋办公大楼最大用电负荷的 5 倍。

麻省理工学院研究人员发明了一项充电材料表面处理技术，利用这种新技术制造的手机电池可以在 10s 内完成充电，汽车电池可在 5min 内充好电，一块锂电池完成充电一般需要 6min 或更长的时间，但传统的磷酸铁锂材料在经过表面处理生成纳米级沟槽后可将电池的充电速度提升 36 倍（仅为 10s）。麻省理工学院认为，由于这项技术不需要新材料只是改变制造电池的方法，所以用两到三年时间就可以将这项技术市场化。

索尼公司官方表示，索尼公司已经开发出了一种快速充电锂电池，仅需半个小时就能让电池充满电，功率可达 1800W/kg，并可延长循环充放电寿命。这种电池采用磷酸铁锂作为阴极材料，以增强阴极的晶体结构并能保证其高温状态下的稳定性。通过与索尼公司新设计的粒子技术阳极材料组合，该电池可以有效降低电阻并提高输出功率。

二、电动汽车对充电设备的要求

电动汽车充电设备是指与电动汽车或动力蓄电池相连接，并为其提供电能的设备，是电动汽车充电站最主要的设备。

电动汽车对充电设备具有以下要求：

（1）安全性。

电动汽车充电时，要确保人员的人身安全和动力电池组的安全。

（2）易用性。

充电设备应具有较高的智能性，不需要操作人员过多干预充电过程。

（3）经济性。

成本经济、价格低廉的充电设备有助于降低整个电动汽车的成本，提高运行效益，促进电动汽车的商业化推广。

（4）高效率。

高效率是对现代充电设备最重要的要求之一，效率的高低对整个电动汽的使用普及具有重大影响。

（5）环境污染。

对供电电源污染小。采用电力电子技术的充电设备是一种高度非线性的设备，会对供电网及其他用电设备产生有害的谐波污染。而且由于充电设备功率因数低，在充电系统受载增加时，对其供电网的影响也不容忽视。

三、电动汽车充电设备的类型

电动汽车充电设备的类型很多，一般分为非车载充电机、车载充电机、交流充电桩、直流充电桩和交直流充电桩等。

(1)非车载充电机。

非车载充电机是指安装在电动汽车车体外，将电网的交流电能变换为直流电能，采用传导方式为电动汽车动力电池充电的专用装置。非车载充电机一般由高频开关电源模块、监控单元、人机操作界面、与电动汽车电气接口、计量系统和通信接口等组成。

(2)车载充电机。

车载充电机是指固定安装在电动汽车上运行，将交流电能转换为直流电能，采用传导方式为电动汽车动力电池充电的专用装置。

车载充电机由交流输入接口、功率单元、控制单元、直流输出接口等部分组成。充电过程中，由车载充电机提供电池管理系统、充电接触器、仪表盘、冷却系统等低压用电电源。

(3)交流充电桩。

交流充电桩是指固定在电动汽车外、与交流电网连接，采用传导方式为具有车载充电装置的电动汽车提供交流电源的专用供电装置。交流充电桩只提供电力输出，没有充电功能，需连接车载充电机为电动汽车充电。

交流充电桩由桩体、电气模块和计量模块三部分组成。桩体外部结构包括外壳和人机交互界面；电气模块包括充电插座、供电电缆、电源转接端子排、安全防护装置等；计量模块包括电能表、计费管理系统、非接触式读写装置等。

(4)直流充电桩。

直流充电桩是指固定在电动汽车外、与交流电网连接，可以为非车载电动汽车动力电池提供小功率直流电源的供电装置。直流充电桩的输入电压采用三相四线交流电(380V)，频率为50Hz，输出为可调直流电，直接为电动汽车的动力电池充电。

直流充电桩主要由监控器、刷卡区、充电指示灯、插枪接口、充电桩体等部分组成。

(5)交直流充电桩。

交直流充电桩是采用交直流一体的结构，既可实现直流充电，也可以交流充电。白天充电业务多的时候，使用直流方式进行快速充电，当夜间充电站用户少时，可用交流充电进行慢充操作。

车载充电机和交流充电桩是电动汽车最主要、应用最广泛的充电设备。

四、电动汽车充电方法

电动汽车动力电池充电方法主要有恒流充电、恒压充电和恒流限压充电，现代智能型动力电池充电机可设置不同的充电方法。

1. 恒流充电

恒流充电是指充电过程中使充电电流保持不变的方法。恒流充电具有较大的适应性，容易将动力电池完全充足，有益于延长蓄电池的寿命。缺点是在充电过程中，需要根据逐渐升高的动力电池电动势调节充电电压，以保持电流不变，充电时间也较长。

恒流充电是一种标准的充电方法，有四种方式。

(1)涓流充电。

涓流充电即维持电池的满充电状态，恰好能抵消电池自放电的一种充电方法，其充电方式对满充电的电池长期充电无害，但对完全放电的电池充电，电流太小，不易充满。

(2)最小电流充电。

最小电流充电是指在能使深度放电的电池有效恢复电池容量的前提下，把充电电流尽可能地调整到最小的方法。

(3)标准充电。

标准充电即采用标准速率充电，充电时间大约为14h。

(4)高速率(快速)充电。

高速率(快速)充电即在3h内就给动力电池充满电的方法，这种充电方法需要自动控制电路保护，使电池不易损坏。

2. 恒压充电

恒压充电是指充电过程中保持充电电压不变的充电方法。充电电流随蓄电池电动势的升高而减小。合理的充电电压，应在动力电池即将充足时使其充电电流趋于零。如果电压过高会造成充电初期充电电流过大和过充电；如果电压过低则会使动力电池充电不足。充电初期若充电电流过大，则应适当调低充电电压，待动力电池电动势升高后再将充电电压调整到规定值。

恒压充电的优点是充电时间短，充电过程无须调整电压，较适合于补充充电。缺点是不容易将动力电池完全充足，充电初期大电流对极板会有不利影响。

3. 恒流限压充电

先以恒流方式进行充电，当蓄电池组端电压上升到限压值时，充电机自动转换为恒压充电，直到充电完毕。

五、电动汽车车载充电机

车载充电机具有为电动汽车动力电池安全、自动充满电的功能，充电机依据电池管理系统提供的数据，能动态调节充电电流或电压参数，执行相应的动作，完成充电过程。

1. 电动汽车车载充电机的组成

车载充电机由交流输入端口、功率单元、控制单元、低压辅助单元、直流输出端口等部分组成。车载充电机连接示意图如图8-6所示。

(1)交流输入端口。

交流输入端口是车载充电机与地面供电设备的连接装置，当使用车载充电机对电动汽车充电时，推荐使用如图8-7所示的典型引导电路作为充电接口连接状态及车载充电机输入的判断装置。

图 8-6　车载充电机

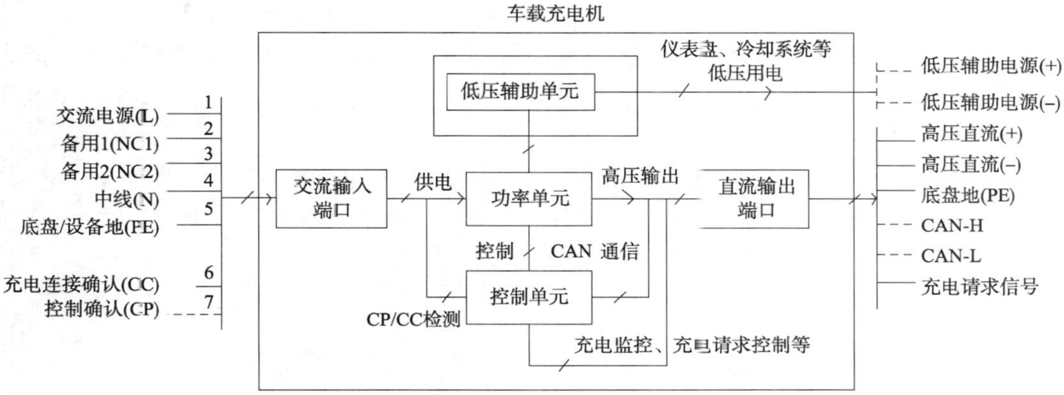

图 8-7　车载充电机连接示意图

(2)功率单元

功率单元作为充电能量的传递通道，主要包括电磁干扰抑制模块、整流模块、功率因数校正模块、滤波模块、全桥变换模块、直流输出模块，其作用是在控制单元的配合下，把电网的交流电转换成蓄电池需要的高压直流电。

(3)控制单元

控制单元主要包括原边检测及保护模块、过流检测及保护模块、过压/欠压监测及保护模块、DSP 主控模块，其作用是通过电力电子开关器件控制功率单元的转换过程，通过闭环控制方式精确完成转换功能，并提供保护功能。

(4)低压辅助单元

低压辅助单元主要包括 CAN 通信模块、辅助电源模块、人机交互模块，其作用是为控制单元的电力电子器件提供低压供电及实现系统与外界的联系。

(5)直流输出端口

直流输出端口是车载充电机与动力电池之间的连接装置。

2. 电动汽车车载充电机的技术参数(表 8-1)

输出电流可根据各厂家动力电池组的电压情况设定。车载充电机在额定输入电压、额定负载的状态下，效率应不低于 90%，功率因数应不低于 0.92。

车载充电机输出技术参数的推荐值 表 8-1

输出电压等级	输出电压范围(V)	标称输出电压推荐值(V)
1	24 ~ 65	48
2	55 ~ 120	72
3	100 ~ 250	144
4	200 ~ 420	336
5	300 ~ 570	384、480
6	400 ~ 750	640

车载充电机的技术参数误差要求：输入电压波动范围为额定输入电压 ±15%；输入电压频率波动范围为额定频率 ±2%；车载充电机在恒压输出状态下运行时，其输出电压与设定电压的误差应为 ±1%；车载充电机在恒流输出状态下运行时，其输出电流与设定电流的误差应为 ±5%；车载充电机在允许的输出电流的范围内，输出电流的周期和随机偏差不能大于设定电流值的 10%；车载充电机在稳流区间工作时，其稳流精度应小于 1%，在稳压区间工作时，稳压精度应小 0.5%。

3. 电动汽车车载充电机充电接口

电动汽车车载充电机属于交流充电，其接口应满足交流充电接口的要求。

车载充电机车辆供电插头和插座的触头布置方式如图 8-8 所示。

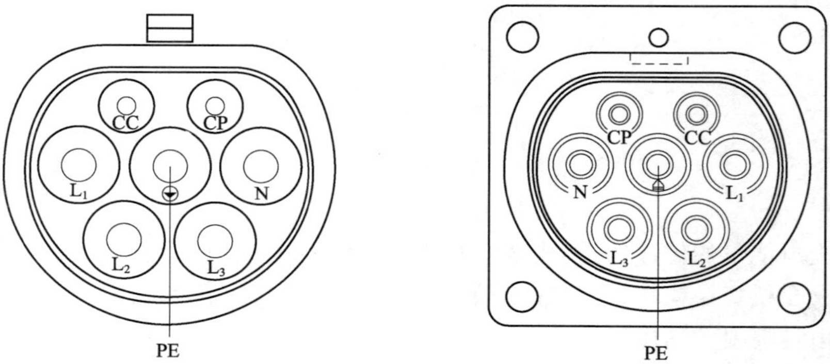

a) 插头的触头布置　　b) 插座的触头布置

图 8-8　供电插头和插座的触头布置

车载充电机车辆供电插头和充电插座如图 8-9 所示。

在充电连接过程中，首先接通保护接地触头，最后接通控制确认触头与充电连接确认触头；断开过程相反。

图 8-9　供电插头和充电插座

六、电动汽车非车载充电机

作为推动电动汽车发展的重要因素,电动汽车充电站(图8-10)这一基础设施的建设显得尤为重要,没有充电站就相当于燃油汽车没有加油站,充电站的建设对于提供电动汽车远程旅行,提高续驶里程具有非常重要的作用。而作为充电站的核心,非车载充电机是必不可少的。

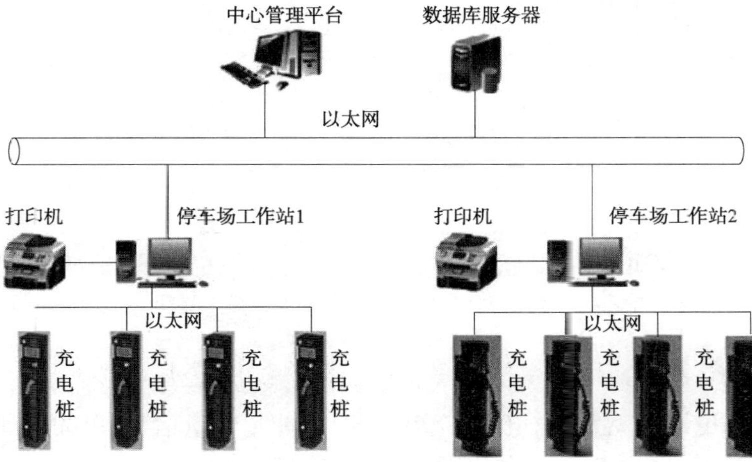

图8-10　电动汽车充电站示意图

1. 电动汽车非车载充电机组成

非车载充电机主要由充电机主体和充电终端两个部分组成,如图8-11所示。充电机主体通过三相输入接触器与电网相连,将交流电转换为输出电压和电流可调的直流电。输出经过充电终端的充电接口与电动汽车的动力电池相连。充电终端面向用户,并与整流柜控制系统、电池管理系统、充电站监控系统等实现通信。充电终端也有一个单独的MCU控制

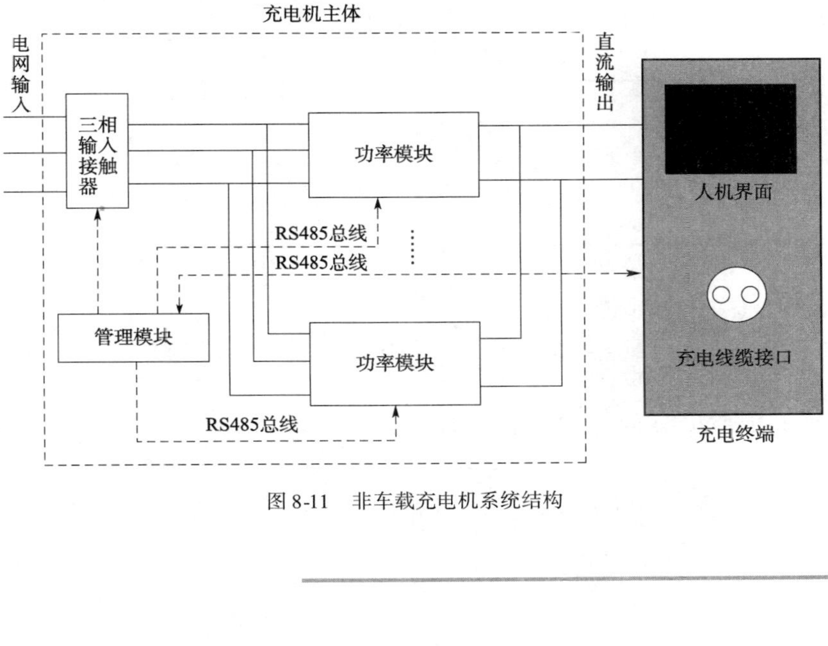

图8-11　非车载充电机系统结构

系统，对整个终端进行管理。充电终端包括 IC 卡计费系统、打印系统、人机面板显示系统、电能测量系统，并与整流柜控制系统、电池管理系统、充电站监控系统等实现通信，它们之间的相互间关系如图 8-12 所示。

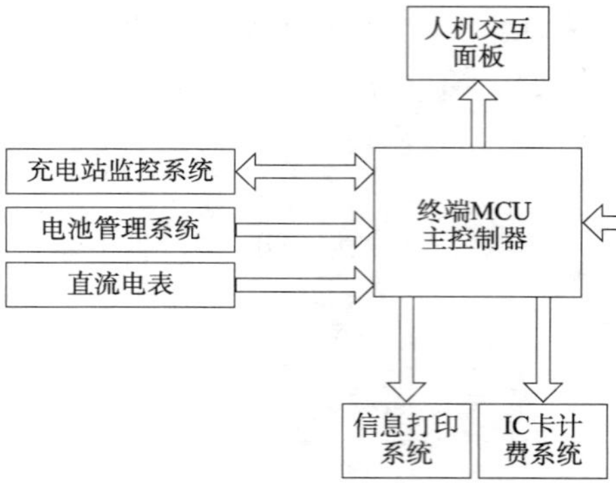

图 8-12　非车载充电机充电终端结构

功率模块是非车载充电机中实现能量传递的主体，是充电机中最关键的部件，单个功率模块难以实现充电机的大功率输出，必须选择分布式系统来实现，即多个相同的功率模块并联均流。

人机界面不但要提供给充电时客户所关心的一些信息，还要提供给充电站维护人员一些必要信息，主要有电池类型、充电电压、充电电流、电能量计量信息，单体电池最高/最电压，故障及报警信息等。在充电完成后，需要充电机打印输出交易信息，比如用电量、交易金额及充电时间等。

管理模块和充电终端以及各功率模块进行数据交互，通过 RS485 总线传输正确的充电控制命令和参数设置命令给各功率模块。功率模块作为充电的具体执行模块，按照管理模块下发的命令上传自身参数，或者接受管理模块的命令，设置相关参数完成充电过程。管理模块和功率模块协同工作实现充电功能。

2. 电动汽车非车载充电机的技术参数

电动汽车非车载充电机输入技术参数见表 8-2。

电动汽车非车载充电机输入技术参数　　表 8-2

输入方式	输入电压额定值(V)	输入电流额定值(A)	频率(Hz)
1	单相 220	$I \leqslant 16$	50
2	单相 220/三相 380	$16 < I \leqslant 32$	
3	三相 380	$I > 32$	

根据动力电池组电压等级的范围，非车载充电机输出电压一般分为三级，即 150 ~ 350V、300 ~ 500V、450 ~ 700V。

非车载充电机输出额定电流宜采用 10A、20A、50A、100A、160A、200A、315A、400A、500A。

当非车载充电机的输出功率为额定功率的 50% ~ 100% 时，效率不应小于 90%，功率因数不应小于 0.9。

非车载充电机技术参数误差要求：当交流电源电压在标称值的 ±15% 范围内变化，输出直流电压在规定的相应调节范围内变化时，输出直流电流在额定值的20% ~100%范围内任一数值上应保持稳定，充电机输出电流精度不应超过 ±1%；当交流电源电压在标称值的 ±15%范围内变化，输出直流电流在额定值的0 ~100%范围内变化时，输出直流电压在规定的相应调节范围内任一数值上应保持稳定，充电机输出电压精度不应超过 ±0.5%。

3. 电动汽车非车载充电机的充电接口

电动汽车非车载充电机车辆插头和插座的触头布置方式如图8-13所示。

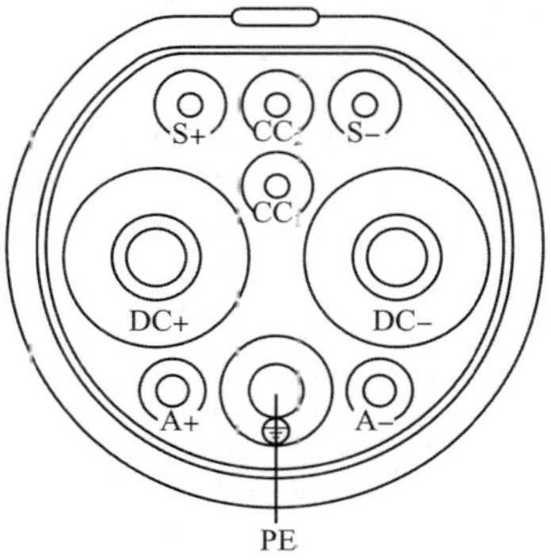

a) 插头的触头布置

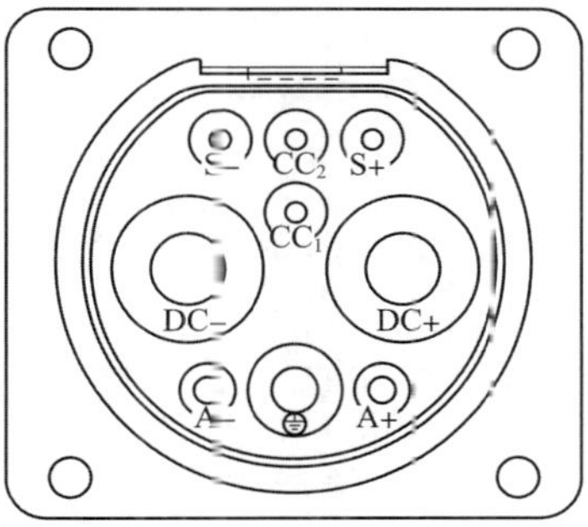

b) 插座的触头布置

图8-13 电动汽车非车载充电机车辆插头和插座的触头布置方式

非车载充电机车辆供电插头和充电插座如图8-14所示。

车辆插头和车辆插座在连接过程中触头耦合的顺序为：保护接地，直流电源正、直流电源负、车辆端连接确认，低压辅助电源正与低压辅助电源负，充电通信与供电端连接确认；在脱开的过程中则顺序相反。

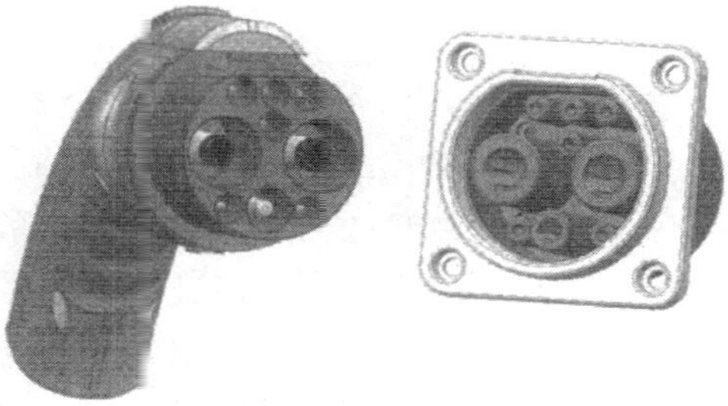

图8-14 非车载充电机车辆供电插头和充电插座

七、电动汽车光伏充电站

目前，电动汽车充电站主要是利用电网供电，如果电动汽车得到大量推广使用，必将额外消耗大量不可再生资源用于发电，煤、石油等化学能源在燃烧发电过程中又造成环境污染，加重了传统能源消耗和环境问题。因此，开发利用清洁的可再生能源给电动汽车充电站供电势在必行，光伏充电站是电动汽车未来最理想的充电站。

电动汽车光伏充电站可以分为两类，即离网运行的电动汽车光伏充电站和并网运行的电动汽车光伏充电站，目前，应用较多的是并网运行的电动汽车光伏充电站。

并网运行的电动汽车光伏充电站，主要由光伏电池阵列、储能电池组、多组DC/DC变换器、交流电源、中央控制器等单元组成，如图8-15所示。

光伏电池阵列由太阳能电池板串、并联组成，它吸收太阳能并发出直流电，经DC/DC变换器接入充电系统，是站内电动汽车充电的主要电源。

储能电池组在系统中起能量储存和调节作用，当光伏发电量过剩时，储存多余的电能；

光伏不足时,由储能电池与交流配网一起向电动汽车充电。

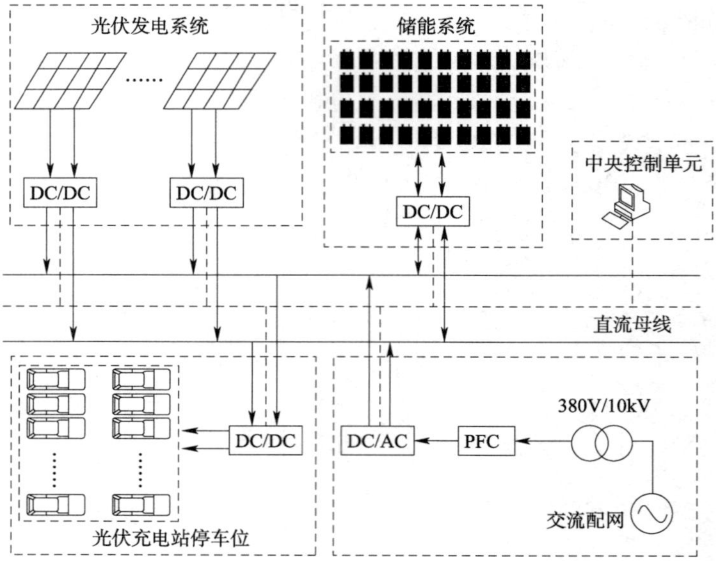

图 8-15　电动汽车光伏充电站系统结构图

多组 DC/DC 变换器是作为光伏电池阵列、储能电池组和电动汽车充电系统的变流单元,其中,光伏发电系统和电动汽车充电系统使用能量单向流动的 DC/DC 变换器,储能电池组使用能量双向流动的 DC/DC 变换器。

DC/AC 变换器是交流配电网与光伏充电系统的连接单元,根据站内充电需要,将配电网输入的交流电转换为直流接入充电系统。

中央控制器协调系统内各组成单元正常运行,实现能量的监测与控制。

电动汽车光伏充电站利用高储能电池把太阳能发的电能储存并及时提供给电动汽车充电使用或是给其他系统供应电力,而在太阳能发的电能不足以满足充电站使用时,可以从电网中输送电能到充电站中储存,以便及时给电动汽车提供电力。

光伏充电站具有以下主要特点:

(1)光伏充电站不需要建设专门的电站或是电网来供电给充电站使用,也不需要加大电网的电容量。因为光伏发电系统不但有自身的发电功能,在遇到供不应求的情况时,光伏充电站系统会在电网低谷时段选择从国家电网接入电能储存在储能系统里,这样不仅使充电站的电量能满足快速给电动汽车充电也不影响电网的使用,而且对国家电网低谷时段的电力做了有效利用。相反地,当国家电网到高峰时段用电压力较大时,同样可以利用充电站储电优势反供电给电网。

(2)因为储能光伏充电站是多个储能电池组合成的,所以尽管在遇到供不应求的情况,也不需要重新建造更大的充电站,其扩大能量的方法非常简单,只要按需求增加电池组数量即可。这样就在很大程度上节约了充电站的建设成本,给充电站的长远发展提供了更多的可能性。

特斯拉在北京首个光伏超级充电站已经投入使用,如图 8-16 所示。该光伏超级充电站由一个充电机带两个充电桩组成,采用电网电能和太阳能联合供电方式,并备有电池组储电。所谓超级,即高压大电流,可实现快速充电。交流输入电压为380V,电流为192A;直流输出功率为125kW,给电动汽车充电。以电力用尽的特斯拉 Model S85 为例,20min 充电一半,40min 充电 80%,80min 充电 100%。

宝马公司和 EIGHT 设计公司共同开发了一款电动汽车光伏充电站,现已安装在慕尼黑的宝马博物馆,如图8-17所示。该充电站的外形类似一个拱形的鸟翼。以太阳能板作为顶棚,内部基于 LED 的电气照明系统可以与用户进行交互式体验。当用户接近充电站时,LED 灯的颜色和亮度会发生改变。LED 照明系统也可以告诉人们该充电站是有人占用还是处于空闲状态。

图8-15 特斯拉光伏超级充电站

图8-17 宝马电动汽车光伏充电站

充电站的集成触摸显示屏会显示车辆相关的信息,例如当前电池续驶里程、起动之前的安全信息以及收费方式。它还会告诉用户电动汽车的电池能使用多久,在到达目的地之前,用户需要在何时何地进行充电。充电站靠收集太阳能为电动汽车充电,同时也将平日不用的能量重新输送回输电网。

技能实训

非车载式充电机的使用

(一)实训目标

(1)掌握充电机的使用方法。

(2)掌握电池充电方法。

(3)了解充电机的特性。

(二)实验设备

(1)RTDC-Ⅱ充电机。

(2)电源管理系统。

(3)车用动力电池组。

(4)车用动力电池管理系统。

(5)绝缘手套、绝缘扳手、绝缘螺钉旋具、万用表等。

(三)操作步骤及工作要点

(1)连接1号和2号动力电池组之间的动力线、通信线和辅助电源线。
(2)连接动力电池组与主控箱之间的动力线、通信线和辅助电源线。
(3)连接主控箱与电源管理触摸显示屏。
(4)连接主控箱与辅助电源,接通辅助电源后,可听到主控箱中接触器动作的声音。
(5)将充电机充电插头与动力电池主控箱充电插座连接牢靠。
(6)将充电机三相四线电源线插头与电源插座连接牢靠。
(7)打开充电机开关,上电后,充电机触摸屏显示界面显示。

(四)人机界面

(1)确认电池极性正确无误后,将插头接到充电机的输出端子上,并将输入线与AC220V连接,打开充电机前面板上的电源开关。

图8-18　密码输入界面

(2)检查所有连线可靠正确连接后,打开电源总开关。

(3)按下"点击进入"按钮后,进入密码输入界面(图8-18)。

(4)输入开机密码"888888",按下"OK"键后进入参数设定界面。

(5)在此界面输入输出电压、输出电流工作时间以及充电容量(图8-19)。输入完毕后按"OK"键确认(每设置一项都要点"OK"键确认),然后按"开机"按钮,电源将进入工作状态,送出继电器吸合信号,进入运行状态监控界面。当系统检测到正常输入电压后主接触器吸合,电源开始工作。

(6)电源工作后点击监控界面,在此界面将显示"输出电压""输出电流""工作时间""工作温度""已充容量"参数(图8-20)。

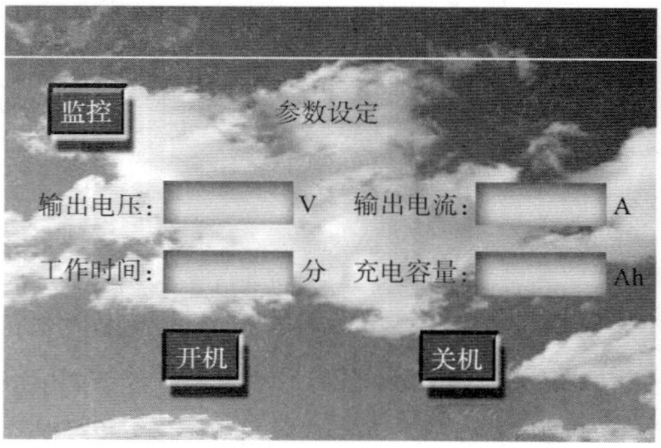

图8-19　参数输入界面

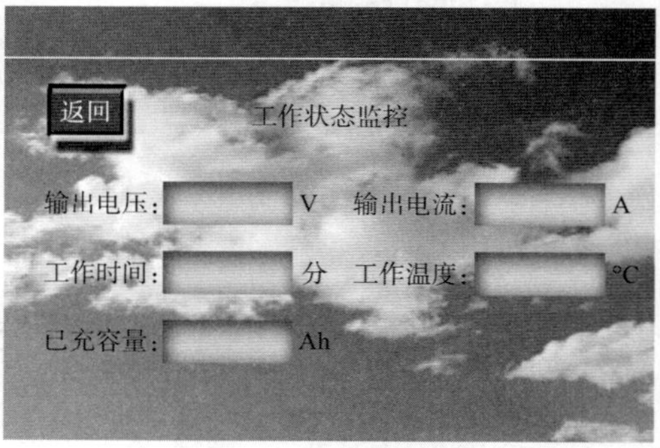

图8-20　监控界面

模块小结

(1)电动汽车充电方式主要有常规充电方式、快速充电方式、无线充电方式、移动式充电方式和电池更换方式等。

(2)与常规充电方式相比,快速充电安装成本相对较高。快速充电也可称为迅速充电或应急充电,其目的是在短时间内给电动汽车充满电。大型充电站(机)多采用这种充电方式。

(3)电动汽车无线充电方式是利用无线电能传输技术对蓄电池进行充电的一种新型充电方式,主要有电磁感应充电方式、磁共振充电方式和微波充电方式。

(4)对电动汽车蓄电池而言,最理想的情况是电动汽车在路上行驶时充电,即所谓的移动式充电。

(5)采用更换电池的方式迅速补充车辆电能,电池更换可在10min以内完成,理论上无限提升了车辆续驶里程。

(6)电动汽车充电设备的类型很多,一般分为非车载充电机、车载充电机、交流充电桩、直流充电桩和交直流充电桩等。

(7)电动汽车蓄电池充电方法主要有恒流充电、恒压充电和恒流限压充电,现代智能型蓄电池充电机可设置不同的充电方法。

(8)电动汽车车载充电机属于交流充电,其接口应满足交流充电接口的要求。

(9)非车载充电机主要由充电机主体和充电终端两个部分组成。

(10)电动汽车光伏充电站的原理是利用高储能电池把太阳能发的电能储存并及时提供给电动汽车充电使用或是给其他系统供应电力,而在太阳能发的电能不足以满足充电站使用时可以从电网中输送电能到充电站中储存,以便及时给电动汽车提供电力。

(11)电动汽车光伏充电站可以分为两类,即离网运行的电动汽车光伏充电站和并网运行的电动汽车光伏充电站。

思考与练习

(一)填空题

1. 电动汽车充电方式主要有________、________、________、________和电池更换方式等。

2. 电动汽车无线充电方式主要有________、________和________方式。

3. 电动汽车蓄电池充电方法主要有________、________和________。

4. 车载充电机由________、________、________、________、________等部分组成。

5. 光伏电池阵列由________组成,它吸收太阳能并发出直流电,经________接入充电系统,是站内电动汽车充电的主要电源。

(二)简答题

1. 快速充电方式的优点有哪些?
2. 电动汽车非车载充电机组成有哪些?
3. 电动汽车对充电设备的要求有哪些?

模块九 新能源汽车能源管理系统

学习目标

1. 掌握动力电池管理系统的功能；
2. 掌握动力电池管理系统电压、电流、温度等参数采集方法；
3. 掌握动力电池电量管理、电安全管理、均衡管理、热管理等的实现方法。

建议课时:8 课时。

一、电动汽车能源管理系统概述

电动汽车能源管理系统是对电动汽车动力系统能源转换装置的工作能量进行协调、分配和控制的软、硬件系统。

能源管理系统的硬件由一系列传感器、控制单元 ECU 和执行元件等组成,软件系统的功能主要是对传感器的信号进行分析处理,对能源转换装置的工作能量进行优化分析,并向执行元件发出指令。因此,可以说电动汽车能源管理系统的功用是在满足汽车基本技术性能(如动力性、驾驶平稳性等)和成本等要求的前提下,根据各部件的特性及汽车的运行工况,实现能量在能源转换装置(如发动机、电动机、储能装置、功率变换模块、动力传递装置、发电机和燃料电池等)之间按最佳路线流动,使整车的能源利用效率达到最高。

二、动力电池管理系统的功能

(一)动力电池管理系统的基本功能

电池管理系统通过检测电池组中各单体电池的状态来确定整个电池系统的状态,并根据它们的状态对动力电池系统进行对应的控制调整和策略实施,实现对动力电池系统及各单体的充放电管理,以保证动力电池系统安全稳定地运行。电池管理系统是能源管理系统的一个子系统。

电池管理系统的基本功能可以分为检测、管理、保护这三大部分。具体来看,包括数据采集、状态监测、均衡控制、热管理、安全保护等功能。

1.数据采集

作为电池管理系统中其他功能的基础与前提,数据采集精度的高低和速度的快慢能够反映电池管理系统的优劣。管理系统的其他功能,如SOC状态分析、均衡管理、热管理功能等都是以采集获取的数据为基础进行分析及处理的。

数据采集的对象一般为电压、电流、温度。在实际使用过程中,电池在不同温度下的电化学性能不同,导致电池所放出的能量是不同的。锂离子动力电池对电压和温度比较敏感,因此在对电池的SOC进行评估时必须考虑温度的影响。

2.状态分析

对电池状态的分析主要是电池剩余电量及电池老化程度这两个方面,即电池的荷电状态(SOC)评估和充电倍率(SOH)评估。SOC能够让驾驶员获得直接的信息,了解到剩余的电量对续航里程的影响。现阶段的研究很多都集中在对SOC的分析上,不断加强其精确度。SOC的分析会受到SOH的影响,电池的SOH在使用过程中受到温度、电流等持续影响而需要不断进行分析,以确保SOC分析的准确性。

在对SOC的分析上,主要有电荷计量法、开路电压法、卡尔曼滤波法、人工神经网络算法和模糊逻辑法等。在这简单介绍电荷计量法和开路电压法。

(1)电荷计量法

电荷计量法是通过对一段时间内电池充入放出的电荷进行统计,即电流在时间上的累积来计算得到SOC。虽然是最常用的一种计量方法,然而会受到很多因素的影响,包括数据采用精度、自放电问题等。比如由于电流传感器采用精度的不足,用于积分计算的电流与真实值之间存在误差,使得SOC的结果偏差越来越大。所以在采用电荷计量法时需要用到一些修正算法对各种影响因素进行校正,减少计算分析结果的误差。

(2)开路电压法

开路电压法是在电池处于静置状态下对电池的开路电压进行测量来计算电池的SOC。需要注意的是,采用开路电压法时,一般认为SOC与电动势有一定的线性关系,任意一个SOC值都只对应一个电动势值。采用开路电压法必须要考虑到电压回弹效应,在电压没有回弹到稳定值时计算得到的SOC会偏小。与电荷计量法相比较,开路电压法在电池正常工作时不能使用,这是它最大的问题。

其实现阶段要对SOC进行十分精确的测量存在很大的困难,比如由于传感器精度和电磁干扰引起采样数据的不准确会带来状态分析的偏差。另外,电池的不一致性、历史数据、使用工况的不明确性也给SOC的计算带来很大的影响。

3.均衡控制

由于生产制造和工作环境的影响会造成电池单体的不一致性,在电压、容量、内阻等性质上出现差别,导致每个单体电池在实际使用过程中的有效容量和充放电电量是不一样的。因此,为保证电池系统的整体性能和延长使用寿命,为减少单体电池之间的差异性而对电池进行均衡控制是十分必要的。

均衡管理有助于电池容量的保持和放电深度的控制。如果没有对电池进行均衡控制,由于电池管理系统的保护功能设置，就会出现某个电池单体充满电时其他电池单体没有充满，或者某个最小电量的单体电池放电截止时其他电池还没有达到放电截止限制的现象。一旦电池出现过充电或者过放电，电池内部会发生一些不可逆的化学反应导致电池的性质受到影响，从而影响电池的使用寿命。

4. 热管理

电池系统在不同运行工况下由于其自身有一定的内阻，在输出功率、电能的同时产生一定的热量从而产生热量累积使电池温度升高，空间布置的不同使得各处电池温度并不一致。当电池温度超出其正常工作温度区间时，必须限功率工作，否则会影响电池的寿命。为了保证电池系统的电性能和寿命，动力电池系统一般设计具有热管理系统。电池热管理系统是用来确保电池系统工作在适宜温度范围内的一套管理系统，主要由电池箱、传热介质、监测设备等部件构成。

电池管理系统在热管理上的主要功能是对电池温度进行准确的测量和监控，在电池组温度过高时的有效散热和通风用以保证电池组温度场的均匀分布。在低温的条件下，能够进行快速加热使电池组处于能够正常工作的环境。

5. 安全保护

安全保护作为整个电池管理系统最重要的功能，是基于前面 4 个功能而进行的。主要包括过电流保护、过充过放保护、过温保护和绝缘监测。

（1）过电流保护

由于电池都具备一定的内阻，当电池在工作时电流过大会造成电池内部发热，热量积累增加造成电池温度上升，从而导致电池的热稳定性下降。对于锂离子电池来说，正负极材料脱嵌锂离子能力是一定的，当充放电电流大于其脱嵌能力时，将导致电池的极化电压增加，导致电池的实际容量减小，影响电池使用寿命，严重时会影响电池的安全性。电池管理系统会判断电流值是否超过安全范围，一旦超过则会采取相应的安全保护措施。

（2）过充过放保护

在充电过程中，充电电压超过电池截止充电电压时，将会引起正极晶格结构被破坏，导致电池容量变小，并且电压过高时会造成正负极短路发生爆炸的隐患。因此，过充电是被严格禁止的。电池管理系统会检测系统中单体电池的电压，当电压超过充电限制电压时，会断开充电回路从而保护电池系统。

在放电过程中，放电电压低于电池放电截止电压时，电池负极上的金属集流体将被溶解，给电池造成不可逆的损害。给过度放电的电池充电时会有内部短路或者漏液的可能。当电压超过放电限制电压时，电池管理系统会断开放电回路从而保护电池系统。

（3）过温保护

对于过温保护，需要结合上面的热管理功能进行。电池活性在不同温度下有所不同。长时间处在高温环境下，电池材料的结构稳定性会变差，缩短电池使用寿命。低温下电池活性受限，会造成可用容量减小，尤其是充电容量将变得很低，同时可能产生安全隐患。电池管理系统能够在电池温度超过高温限制值或是低于低温限制值时，禁止进行充放电。

（4）绝缘监测

绝缘监测功能也是保证电池系统安全的重要功能之一。电池系统电压通常有几百伏，一旦出现漏电将会对人形成危险,所以绝缘监测功能就显得相当重要。电池管理系统会实时监测总正和总负对车身搭铁的绝缘阻值,如果出现绝缘阻值低于安全范围,则会上报故障并断开高压电。

6. 系统设计及技术要求

在进行电池管理系统设计时,前期首先需要根据整车的设计要求确定电池管理系统的功能,然后确定其拓扑结构,之后是主要工作内容的软硬件设计,在完成以上基本工作之后要进行电池管理系统单元测试及动力电池组整体测试。在进行软硬件设计之前,单体电池的充放电、容量、电阻等特性都需要进行测试以便更好地进行保护电路设计、算法设计等。

进行硬件设计时要结合软件算法的需求,在电路板开发及元器件设计上注意耐压绝缘、抗电磁干扰、电磁兼容、通信隔离和通风散热等。一般的软件设计功能包括电压检测、温度采集、电流检测、绝缘检测、SOC 估算、CAN 通信、放电均衡功能、系统自检功能、系统检测功能、充电管理、热管理等。

相关硬件设计则对软件设计的功能提供支持,比如 MCU 模块用来采集、分析数据,收发控制信号;电流检测模块则用来采集电池组充放电过程中的充放电电流。

(二)动力电池电量管理

电池电量管理是电池管理的核心内容之一,对于整个电池状态的控制、电动车辆续驶里程的预测和估计具有重要的意义。同时,由于动力电池荷电状态(SOC)的非线性,并且受到多种因素的影响,导致电池电量估计和预测方法复杂,准确估计 SOC 比较困难。

1. 电池 SOC 估算

SOC 是防止动力电池过充和过放的主要依据,只有准确估算电池组的 SOC 才能有效提高动力电池组的利用效率,保证电池组的使用寿命。在电动汽车中,准确估算蓄电池 SOC 的作用包括以下四点:

(1)保护蓄电池。

对于蓄电池而言,过充电和过放电都可能对蓄电池造成永久性的损害,严重缩短电池的使用寿命。如果可以提供准确的 SOC 值,整车控制策略可以将 SOC 控制在一定的范围之内(如 20% ~80%),起到防止对电池过充电或过放电的作用,从而保证电池的正常使用,延长电池的使用寿命。

(2)提高整车性能。

在没有提供准确的 SOC 值的情况下,为了保证电池的安全使用,整车控制策略需要保守地使用电池,防止电池出现过充电和过放电的情况,这样不能充分发挥电池的性能,因而降低了整车的性能。

(3)降低对动力电池的要求。

在准确估算 SOC 的前提下,电池的性能可以被充分使用。选用电池时,针对电池性能设计的余量可以大大减小。

(4)提高经济性。

选择较低容量的动力蓄电池组可以降低整车的制造成本,后期的维护成本也大大地降低了。

2. SOC 估计常用的算法

(1)开路电压法。

开路电压法是最简单的测量方法,主要根据电池组开路电压判断 SOC 的大小。由电池的工作特性可知,电池组的开路电压和电池的剩余容量存在着一定的对应关系。某动力电池组的电压与容量的对应关系如图 9-1 所示。随着电池放电容量的增加,电池的开路电压降低。由此,可以根据一定的充放电倍率时电池组的开路电压和 SOC 的对应曲线,通过测量电池组开路电压的大小,插值估算出电池 SOC 的值。

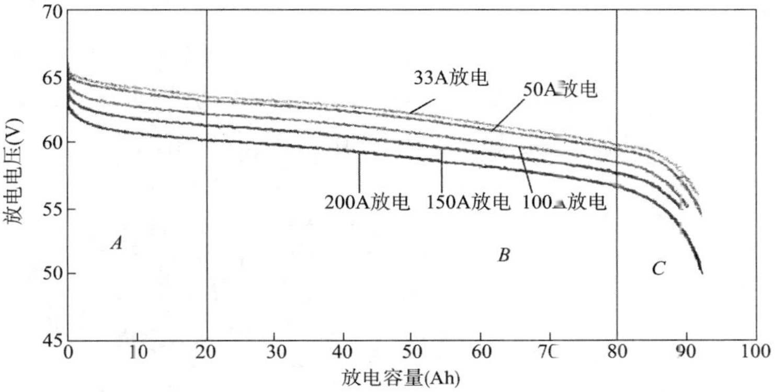

图 9-1 某动力电池组电压与容量的对应关系

该方法简单易行,但由于不同充放电倍率时电池组的电压不一致,因此,在电流波动比较大的场合,这种方式的计量将失去意义。另外,不同应用工况下电池组的内阻大小不一样,导致了同样充放电倍率下不同时期电池组的电压不一致,使得该测量方式的测量精度很低。同时,温度对电池组的放电平台影响也较大,因此,单靠电压来估算 SOC 的方法难以满足实际需求。

还有一种是在电池组充放电状态转换时通过电压对电池组的容量进行估算,根据经验模型,在充放电状态改变时用模型来估计容量。相当于引入电池的内阻进行校正,比普通的电压和容量相对应的方式精确度稍高一些。

开路电压法对单体电池的估计要优于电池组,当电池组中出现单体电池不均衡,会导致电池组的可用容量降低时电压仍很高,因此,该方法不适合个体差异大的电池组。

(2)容量积分法。

容量积分法是通过对单位时间内,流入流出电池组的电流进行累积,从而获得电池组每一轮放电能够放出的电量,确定电池 SOC 的变化。

该计算方式虽然可行,但是由于电池放电的特殊性,不同放电比率状态下 SOC 的值不同。在大电流放电时,电池电压下降到电池工作截止电压以下,但显示的 SOC 计算值大于 0。而在小电流放电时,电池的 SOC 计算值减小到 0 时电池还能工作。

同时,电流积分法存在着一定的误差,多次循环之后会出现一些误差积累,使该误差越来越大。因此需要校正,目前的方法大多利用电池组电压来校正因电流积分导致的累积误差。通过电池组放电到放电终止电压时,无论 SOC 值为多少都置为 0,这样可以避免长时间积分的累积误差。有的在电池组静态时采用电压法来校正 SOC,而在工作时使用电流积分的方法。然而由于电压和容量的对应关系，受到了温度、放电电流、电池组均衡性的影响，因此，仅仅通过电压法校正 SOC 的精度仍然较低，需要作进一步的改进。

（3）电池内阻法。

电池内阻有交流内阻（常称交流阻抗）和直流内阻之分，它们都与 SOC 有密切关系。电池交流阻抗为电池电压与电流之间的传递函数，是一个复数变量，表示电池对交流电的反抗能力，要用交流阻抗仪来测量。电池交流阻抗受温度影响大，是对电池处于静置后的开路状态进行交流阻抗测量，还是对电池在充放电过程中进行交流阻抗测量，存在争议，所以很少在实车测量中使用。

直流内阻表示电池对直流电的反抗能力，等于在同一很短的时间段内，电池电压变化量与电流变化量的比值。实际测量中，将电池从开路状态开始恒流充电或放电，相同时间里负载电压和开路电压的差值除以电流值就是直流内阻。直流内阻随 SOC 的变化规律如图 9-2 所示。

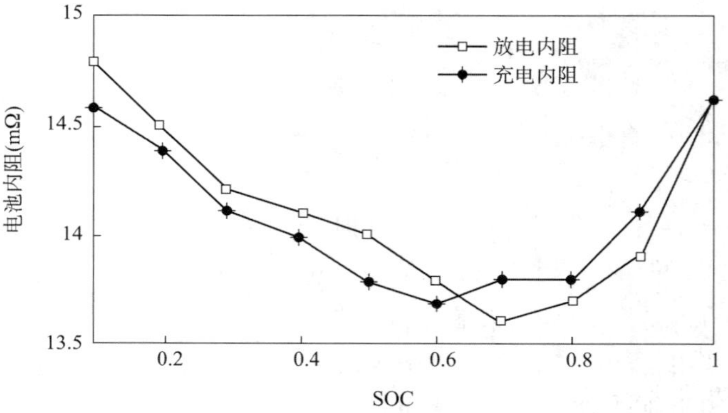

图 9-2　某电池直流内阻随 SOC 的变化规律

直流内阻的大小受计算时间段影响，若时间段短于 10ms，只有欧姆内阻能够检测到；若时间段较长，内阻将变得复杂。准确测量电池单体内阻比较困难，这是直流内阻法的缺点。在某些电池管理系统中，内阻法与容量积分法组合使用来提高 SOC 估算的精度。

（4）模糊逻辑推理和神经网络法。

模糊逻辑推理和神经网络是人工智能领域的两个分支，模糊逻辑接近人的形象思维方式，擅长定性分析和推理，具有较强的自然语言处理能力；神经网络采用分布式存储信息，具有很好的自组织、自学习能力。它们共同的特点是均采用并行处理结构，可从系统的输入、输出样本中获得系统输入、输出关系。电池是高度非线性的系统，可利用模糊推理和神经网络的并行结构和学习能力估算 SOC。

采用神经网络预测 SOC 的典型结构如图 9-3 所示。网络结构为多输入单输出的三层前馈网络。输入量为电流、电压、温度、充放电容量、内阻等，输出量为 SOC 值。中间层神经元个数取决于问题的复杂程度及分析精度。神经网络输入变量的选择是否合适，变量数量是否恰当，直接影响模型的准确性和计算量。神经网络法适用于各种电池，其缺点是需要大量的参考数据进行训练，估计误差受训练数据和训练方法的影响很大。

（5）卡尔曼滤波法。

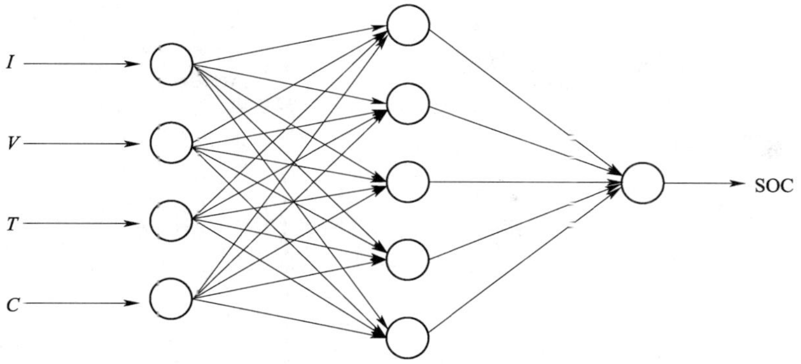

图 9-3 估算 SOC 神经网络结构图

卡尔曼滤波理论的核心思想是对动力系统的状态作出最小方差意义上的最优估算。卡尔曼滤波法应用于电池 SOC 估算,电池被称动力系统,SOC 是系统的一个内部状态。

卡尔曼滤波方法适用于各种电池,与其他方法相比,尤其适合于电流波动比较剧烈的混合动力汽车电池 SOC 的估计,它不仅给出了 SOC 的估计值,还给出了 SOC 的估计误差。该方法的缺点是要求电池 SOC 估计精度越高,电池模型越复杂,涉及大量矩阵运算,工程上难以实现,且该方法对于温度、自放电率以及放电倍率对容量的影响考虑得不够全面。

3. SOC 估算精度的影响因素

(1)充放电电流。

相对于额定充放电工况,动力电池一般表现为大电流可充放电容量低于额定容量,小电流可充放电容量大于额定容量。

(2)电池容量衰减。

电池的容量在循环过程中会逐渐减少,因此,对电量的校正条件就需不断地改变,这也是影响模型精度的一个重要因素。

(3)自放电。

电池内部的化学反应,产生自放电现象,使其在放置时,电量发生损失。自放电大小主要与环境温度有关,需要按实验数据进行修正。

(4)温度。

不同温度下电池组的容量存在着一定的变化,温度段的选择及校正因素直接影响到电池性能和可用电量。

(5)一致性。

电池组的建模和容量估算与单体电池有一定的区别,电池组的一致性差别对电量的估算有重要的影响。电池组的电量估算是按照总体电池的电压来估算和校正的,如果电池差异较大,将导致估算的精度误差很大。

(三)动力电池均衡管理

为了平衡电池组中单体电池的容量和能量差异,提高电池组的能量利用率,在电池组的充放电过程中需要使用均衡电路。

根据均衡过程中对所传递的能量的处理方式不同,均衡电路可以分为能量耗散型均衡和非能量耗散型均衡(即无损均衡),国外有些文献又分别称之为被动均衡和主动均衡。

能量耗散型均衡主要通过令电池组中能量较高的电池利用其旁路电阻进行放电的方式损耗部分能量,以期达到电池组能量状态的一致。这种均衡结构以损耗电池组能量为代价,并且由于生热问题导致均衡电流不能过大,适用于小容量电池系统以及能量能够及时得到补充的系统。

非能量耗散型均衡电路拓扑结构目前已出现很多种,本质上均是利用储能元件和均衡旁路构建能量传递通道,将其从能量较高的电池直接或间接转移至能量较低的电池。

1. 能量耗散型均衡管理

能量耗散型均衡是通过单体电池的并联电阻进行分流从而实现均衡的。这种电路结构简单,均衡过程一般在充电过程中完成,对容量低的单体电池不能补充电量,存在能量浪费和增加热管理系统负荷的问题。能量耗散型一般有两类:

(1)恒定分流电阻均衡。

充电电路每个电池单体上都始终并联一个分流电阻。这种方式的特点是可靠性高,分流电阻的值大,通过固定分流来减小由于自放电导致的单体电池差异。其缺点在于无论电池充电还是放电过程,分流电阻始终消耗功率,能量损失大,一般在能够及时补充能量的场合适用。

(2)开关控制分流电阻均衡。

充电电路分流电阻通过开关控制,在充电过程中,当单体电池电压达到截止电压时,均衡装置能阻止其过充电并将多余的能量转化成热能。这种均衡电路工作在充电期间,特点是可以对充电时单体电池电压偏高者进行分流。其缺点是由于均衡时间的限制,导致分流时产生的大量热量需要及时通过热管理系统耗散,尤其在容量比较大的电池组中更加明显。

能量耗散型电路结构简单,但是均衡电阻在分流的过程中,不仅消耗了能量,而且还会由于电阻的发热引起电路的热管理问题。由于其实质是通过能量消耗的办法限制单体电池出现过高或过低的端电压,所以,只适合在静态均衡中使用,其高温升等特点降低了系统的可靠性,不适用于动态均衡。该方式仅适合小型电池组或者容量较小的电池组。

2. 非能量耗散型均衡管理

非能量耗散型均衡电路的耗能相对于能量耗散型均衡电路小很多,但电路结构相对复杂,可分为能量转换式均衡和能量转移式均衡两种方式。

(1)能量转换式均衡。

能量转换式均衡是通过开关信号,将电池组整体能量对单体电池进行能量补充,或者将单体电池能量向整体电池组进行能量转换。其中单体能量向整体能量转换,一般都是在电池组充电过程中进行,电路如图 9-4 所示。该电路是检测各个单体电池的电压值,当单体电池电压达到一定值时,均衡模块开始工作,对单体电池中的充电电流进行分流从而降低充电电压,分出的电流经模块转换把能量反馈回充电总线,达到均衡的目的。还有的能量转换式均衡可以通过续流电感,完成单体到电池组的能量转换。

电池组整体能量向单体转换,电路如图 9-5 所示。这种方式也称为补充式均衡,即在充电过程,首先通过主充电模块对电池组进行充电,电压检测电路对每个单体电池进行监控。当任一单体电池的电压过高,主充电电路就会关闭,然后补充式均衡充电模块开始对电池组充电。通过优化设计，均衡模块中充电电压经过一个独立的 DC/DC 变换器和一个同轴线圈变压器，给每个单体电池上增加相同的次级绕组。这样，单体电压高的电池从辅助充电电路上得到的能量少，而单体电压低的电池从辅助充电器上得到的能量多，从而达到均衡的目的。此方式的问题在于次级绕组的一致性难以控制，即使次级绕组匝数完全相同，考虑到变压器漏感以及次级绕组之间的互感，单体电池也不一定获得相同的充电电压。同时，同轴线圈也存在一定的能量耗散，并且这种方式的均衡只有充电均衡，对于放电状态的不均衡无法起作用。

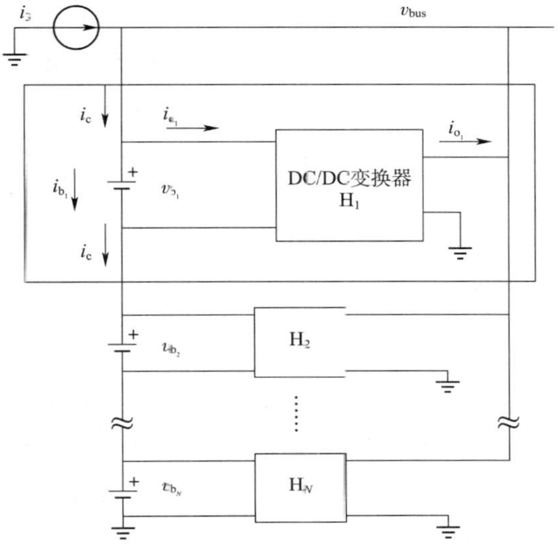

图 9-4 单体电压向整体电压转换方式

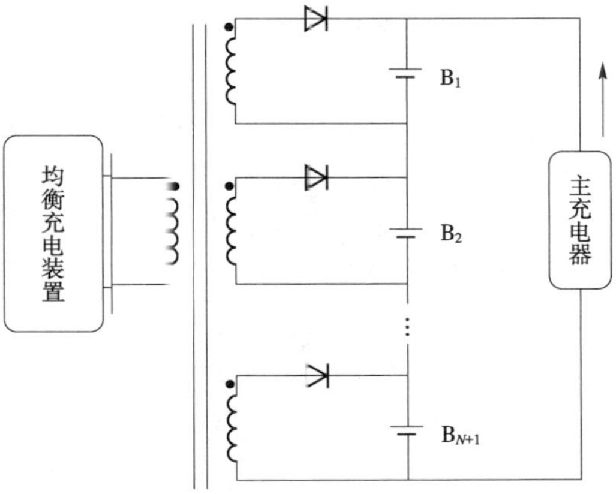

图 9-5 补充式均衡示意图

能量转换式电路是一种通过开关电源来实现能量变换的电路。相对于能量转移式均衡电路来说，它的电路复杂程度降低了很多，成本也降低了。但对同轴线圈，由于绕组到各单体之间的导线长度和形状不同，变压比有差异，导致对每个单体电池均衡的不一致，有均衡误差。另外，同轴线圈本身由于电磁泄漏等问题，也消耗了一定的能量。

(2)能量转移式均衡。

能量转移式均衡是利用电感或电容等储能元件，把能量从电池组中容量高的单体电池，通过储能元件转移到容量比较低的电池上，如图 9-6 所示。

该电路是通过切换电容开关传递相邻电池间的能量，从而达到均衡的目的。另外，也可以通过电感储能的方式，对相邻电池间进行双向传递。此电路的能量损耗很小，但是均衡过程中必须有多次传输，均衡时间长，不适于多串的电池组。改进的电容开关均衡方式，可通过选择最高电压单体与最低电压单体电池间进行能量转移，从而使均衡速度增快。能量转移式均衡中能量的判断以及开关电路的实现较困难。

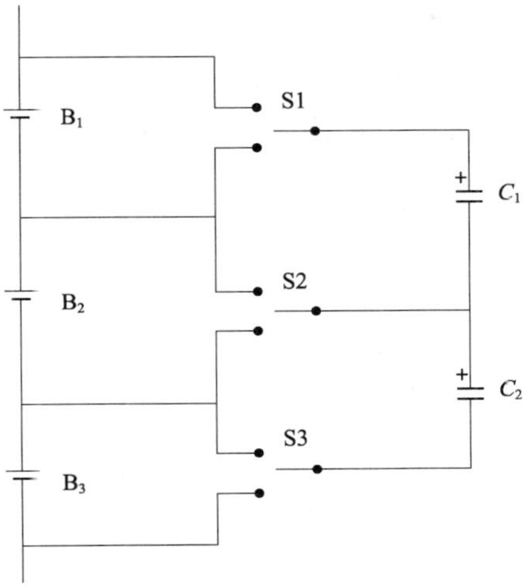

图 9-6 能量转移式均衡

能量转移式均衡是一种电池容量补偿的方法，就是从容量高的电池取出一些电量来补偿容量低的电池。这个方法虽然可行,但是由于在实际电路中需要对各个单体电池电压进行检测判断,电路会很复杂,且体积大、成本高。另外,能量的转移是通过一个储能媒介来实现的,存在一定的消耗及控制问题。该均衡方式一般应用于中大型电池组中。

除上述均衡方法外,在充电应用过程中,还可采用涓流充电的方式实现电池的均衡。这是最简单的方法,不需要外加任何辅助电路。其方法是对串联电池组持续用小电流充电。由于充电电流很小,这时的过充电对满充电池所带来的影响并不严重。由于已经充满的电池没办法将更多的电能转换成化学能,多余的能量将会转化成热量。而对于没有充满的电池,却能继续接收电能,直至到达满充点。这样,经过较长的周期,所有的电池都将会达到满充状态,从而实现了容量均衡。但这种方法需要很长的均衡充电时间,且消耗相当大的能量来达到均衡。另外,在放电均衡管理上,这种方法是不能起任何作用的。

3. 电池均衡管理系统应用中存在的问题

现有的电池均衡方案中,基本上是以电池组的电压来判断电池的容量,是一种电压均衡方式。这样,要达到对电池组均衡的目的,首先,对电压检测的准确性和精度要求很高,而电压检测电路漏电流的大小,直接影响了电池组的一致性。因此,设计出简单、高效的电压检测电路是均衡电路需要解决的一个问题。

同时,电压不是电池容量的唯一量度,电池内阻及连接方式的接触电阻也会导致电池电压的变化,因此,如果一味地按照电压进行均衡,将会导致过度均衡,从而浪费能量。极端情况下,有可能导致容量均衡的电池组出现不均衡。

(四)动力电池的热管理

电池的热管理系统,是电池管理系统中的重要环节,电池发热和在热环境工作时,电池性能受到较大的影响,会导致电池容量衰减,电池老化加速,电池寿命缩短,甚至引起燃烧或爆炸。

1. 电池的发热源

电池内"活性物质"在电池充电和放电时,在电化学反应的氧化过程中会产生热量,而热量对电池的性能有较大的影响。一般动力电池采用空气冷却或水冷却,保证电池正常工作。但是,钠系列电池还需要加热到300℃的高温,"活性物质"才能进行氧化和还原的化学反应。不同电池的允许最高工作温度见表9-1。

不同电池的允许最高工作温度　　表9-1

电池种类	单体电池	比能量		比功率		电池允许的最高工作温度(℃)
	电压(V)	比能量(Wh/kg)	能量密度(Wh/L)	比功率(Wh/kg)	功率密度(Wh/L)	
铅酸	1.2~2.0	30~50	65	40~70	120	≤35~40
铅酸改进型	2.0	35~50	85	70~100	130	≤35~40
镍镉	1.2	50~65	110	170~230	400~600	≤40
镍氢	1.2~1.3	75~80	150~200	150~400	430~450	≤40
锂离子	3.7	120~140	130~250	190~300	400~500	≤40

2. 电池的散热系统

在电动汽车上，根据电池组的类型和总布置的安排，采用自然通风散热和强制通风散热的方式，来保持电池组的周边环境温度。图 9-7 为水平置放电池组的强制通风冷却系统。通风冷却系统带有温度测量装置的电池组热管理装置和通风系统。在某些电动汽车上，电池组采用集中强制水冷却系统方式，以保证电池组正常的工作温度，延长电池组的使用寿命。

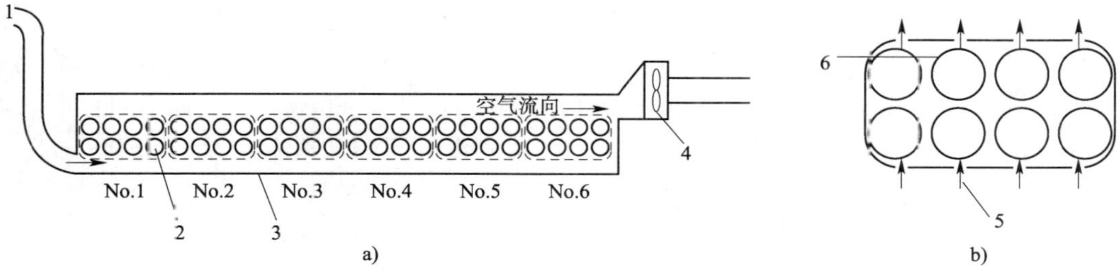

图 9-7 水平置放电池组的强制通风冷却系统

1-进风道；2-动力电池组；3-密封容器；4-风扇；5-电池模块通风气流；6-温度传感器

（五）动力电池的安全管理

1. 动力电池电安全管理系统的功能

安全管理系统主要包括烟雾报警、绝缘检测、自动灭火、过电压和过电流控制、过放电控制、防止温度过高、在发生碰撞的情况下关闭电源等功能。

电动车辆动力电池系统电压常用的有 288V、336V、384V 以及 544V 等，已经大大超过了人体可以承受的安全电压，因此，电气绝缘性能是电安全管理的重要内容，绝缘性能的好坏不仅关系到电气设备和系统能否正常工作，更重要的是还关系到人的生命财产安全与否。

现阶段电池包外壳多采用金属材料制成，要求在符合表 9-2 要求的电压条件下，电池包正极和负极与金属外壳之间的绝缘电阻应大于 10MΩ。

绝缘电阻试验的电压等级 表 9-2

蓄电池包额定工作电压（单箱）U（V）	绝缘电阻测试仪器的电压等级（V）
$U \leq 60$	250
$60 < U \leq 300$	500
$300 < U \leq 750$	1000

由于动力电池在电动车辆上安装应用，因此，必须满足车辆部件的耐振动、耐冲击、耐跌落、耐烟雾等强度和可靠性要求，保证可靠应用。为满足防水、防尘要求，电池包应满足一定的 IP 防护等级，根据车辆的总体要求，一般的 IP 防护等级要求不低于 IP55 标准。在极端工况下，通过电池安全管理系统应能实现电池包的高压断电保护、过流断开保护、过放电保护、过充电保护等功能。

2. 烟雾报警

在车辆行驶过程中由于路况复杂及电池本身的工艺问题，可能由于过热、挤压和碰撞等原因而导致电池出现冒烟或着火等极端恶劣的事故，若不能及时发现并得到有效处理，势必导致事故的进一步扩大,对周围电池、车辆以及车上人员构成威胁,严重影响车辆运行的安全性。为防患于未然,近年来烟雾检测被引入电池管理系统的监测中,并越来越受到重视。

烟雾传感器种类繁多,从检测原理上可以分为三大类:

(1)利用物理、化学性质的烟雾传感器,如半导体烟雾传感器、接触燃烧烟雾传感器等。

(2)利用物理性质的烟雾传感器,如热导烟雾传感器、光干涉烟雾传感器、红外传感器等。

(3)利用电化学性质的烟雾传感器,如电流型烟雾传感器、电势型气体传感器等。

由于烟雾的种类繁多,一种类型的烟雾传感器不可能检测所有的气体,通常只能检测某一种或两种特定性质的烟雾。例如,氧化物半导体烟雾传感器主要检测各种还原性烟雾,如CO、CH、OH等;固体电解质烟雾传感器主要用于检测无机烟雾,如O_2、CO_2、H_2、SO_2等。

在动力电池上应用,需要在了解电池燃烧产生的烟雾构成的基础上进行传感器的选择。一般电池燃烧产生大量的CO和CO_2,因此,可以选择对这两种气体敏感的传感器。在传感器的结构上,需要适应于车辆长期应用的振动工况,防止由于路面灰尘、振动引起的传感器误动作。

动力电池管理系统中烟雾报警的报警装置应安装于驾驶控制台,在接收到报警信号时,迅速发出声光报警和故障定位,保证驾驶人能够及时发现,接收报警器发出的报警信号。

3. 绝缘检测方法

(1)漏电直测法。

在直流系统中,这是一种最简单也是最实用的方法。将万用表置于电流挡,串联在电池组正极与设备外壳(或者地)之间,可检测到电池组负极对壳体之间的漏电流,同样也可以串联在负极与壳体之间检测电池组正极对壳体之间的漏电流。该方法简单易行,在现场故障检测、车辆例行检查中常用。

(2)电流传感法。

霍尔式电流传感器是检测高压直流系统的一种常见装置。将电池系统的正极和负极动力总线一起同方向穿过电流传感器,当没有漏电流时,从正极流出的电流等于返回到电源负极的电流,因此,穿过电流传感器的电流为零,电流传感器输出电压为零,当发生漏电现象时,电流传感器的输出电压不为零。根据该电压的正负可以进一步判断该漏电电流是来自于电源正极还是负极。但是应用这种检测方法的前提是待测动力电池组必须处于工作状态,要有工作电流的流入和流出,它无法在系统空载的情况下评价电池系统对地的绝缘性能。

(3)绝缘电阻表测量法。

用绝缘电阻表测量绝缘电阻的阻值,绝缘电阻表俗称兆欧表。绝缘电阻表大多采用手摇发电机供电,故又称摇表。它的刻度是以绝缘电阻为单位的,是电工常用的一种测量仪表。

上述三种方法,均为采用专有设备进行的漏电流、绝缘电阻测试方法,与电池管理系统集成存在一定的困难。在电池管理系统中常用的是电路测量方法,常用的直流电压绝缘测量电池管理系统中使用的绝缘电阻测量方法还有平衡电桥法、高频信号注入法和辅助电源法等。随着动力电池的电压越来越高,应用越来越普及,电动汽车的绝缘安全问题显得愈发重要,各种绝缘监测的方法也不断地被研究人员设计、验证。

(六)动力电池数据通信

电池的能量管理数据处理、通信和显示由电池组的数据检测和采集系统采集到的数据(包括电池充放电时的功率、SOC 估算、温度变化的限值等),通过电池管理系统的 CPU,按照控制电池充放电的算法逻辑,作为电池组充放电的规则,来限制电池组或电池模块充放电的电流保持均衡和安全(图 9-8)。

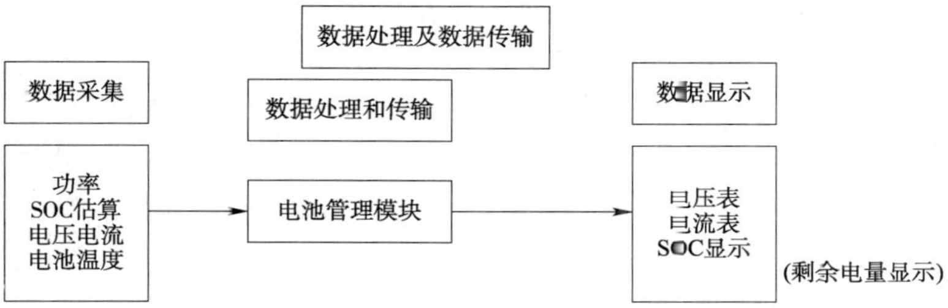

图 9-8 电池功率输入模型逻辑结构

1. 数据处理和通信

在动力电池管理系统中,电池内部数据通信方式,是在各个单体电池或电池模块之间建立一个电池内部 CAN 通信系统。内部 CAN 通信系统通过通信接口传输到整车的 CAN 通信网络中。经过整车的中央管理器,将数据转换为显示器的电压表、电流表、SOC 显示(剩余电量表)等直观的性能参数,提供给驾驶员参考,并采取相应的控制策略。

2. 数据显示

用 SOC 实时对电池的充放电进行估算和分析,并能够在仪表上显示剩余 SOC 的保持量,预测电池组剩余的电量或剩余续驶里程,要求 SOC 的误差≤8%,以保证动力电池组正常工作以及延长动力电池的寿命。

为了对电动车辆电池的剩余电荷进行预测,显示 SOC 的变化情况,表示剩余电量或剩余续驶里程,采用微处理器和现代控制技术设计剩余电量计算装置。研发的剩余电量计(仪表)应具有以下功能:

(1)对电池在工作时的电压、电流、温度进行在线测量和显示。

(2)根据参考模型计算剩余电量或实时的 SOC,预测剩余电量或剩余续驶里程,并可以自动校正偏差。

(3)对电池的充电和放电的电量进行双向计量,控制电池的过充电和过放电。在接近允许充电的上限或放电的下限时,能及时报警。

(4)可以长期自动储存电池运行的技术数据,以保护电池和延长电池的寿命。

(5)剩余电量计应采用小型化、单片微处理器控制,体积小,效率高。电池组的充电状态 SOC 的计量装置,可以帮助驾驶员对电动车辆续驶里程进行了解和采取相应的(充电)措施。

三、数据采集

1. 单体电压采集

电池单体电压采集是动力电池组管理系统中的重要一环，其性能好坏或精度高低决定了系统对电池状态信息判断的准确程度，并进一步影响了后续的控制策略能否有效实施。常用的单体电压检测方法有5种：

(1)继电器阵列法。

图9-9为基于继电器阵列法的电池电压采集电路原理框图，其由端电压传感器、继电器阵列、A/D转换芯片、光耦、多路模拟开关等组成。如果需要测量 n 块串联成组电池的端电压，就需要将 $n+1$ 根导线引入电池组中各节点。当测量第 m 块电池的端电压时，单片机发出相应的控制信号，通过多路模拟开关、光耦合继电器驱动电路选通相应的继电器，将第 m 和 $m+1$ 根导线引入到A/D转换芯片。通常开关器件的电阻都比较小，配合分压电路之后由于开关器件的电阻所引起的误差几乎可以忽略不算，而且整个电路结构简单，只有分压电阻和模数转换芯片还有电压基准的精度能够影响最终结果的精度，通常电阻和芯片的误差都可以做得很小。所以，在所需要测量的电池单体电压较高而且对精度要求也高的场合最适合使用继电器阵列法。

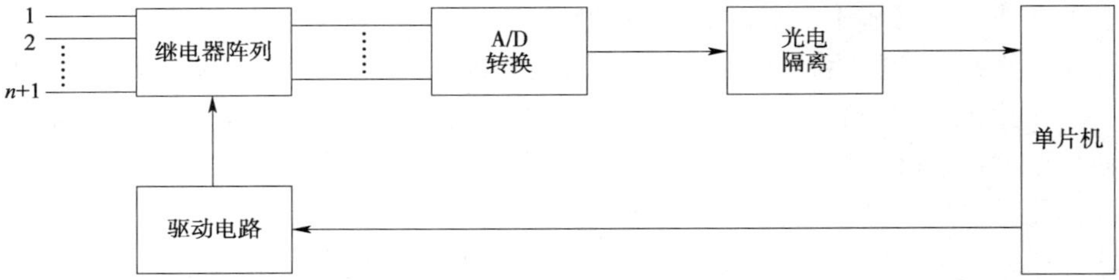

图9-9 基于继电器阵列法的电池电压采集电路原理框图

(2)恒流源法。

恒流源电路进行电池电压采集的基本原理是：在不使用转换电阻的前提下，将电池端电压转化为与之呈线性变化关系的电流信号，以此提高系统的抗干扰能力。在串联电池组中，由于电池端电压也就是电池组相邻两节点间的电压差，故要求恒流源电路具有很好的共模抑制能力，一般在设计过程中多选用集成运算放大器来达到此种目的。

出于设计思路和应用场合的不同，恒流源电路会有多种不同形式，图9-10即为其中一种，它是由运算放大器和绝缘栅型场效应晶体管组合构成的减法运算恒流源电路。

由运算放大器的结构可知，该电路是具有高开环放大倍数并带有深度负反馈的多级直接耦合放大电路，其输入级采用差动放大电路，并集成在同一硅片上，故两者的性能匹配非常好，且中间级具有很高的放大能力。由差动电路原理可知，这种电路具有很强的共模信号抑制能力，所以在用运算放大器对电池组的单体电压进行测量时，由于高共模抑制性和放大能力，测量精度将会得到提高。

(3)隔离运放采集法。

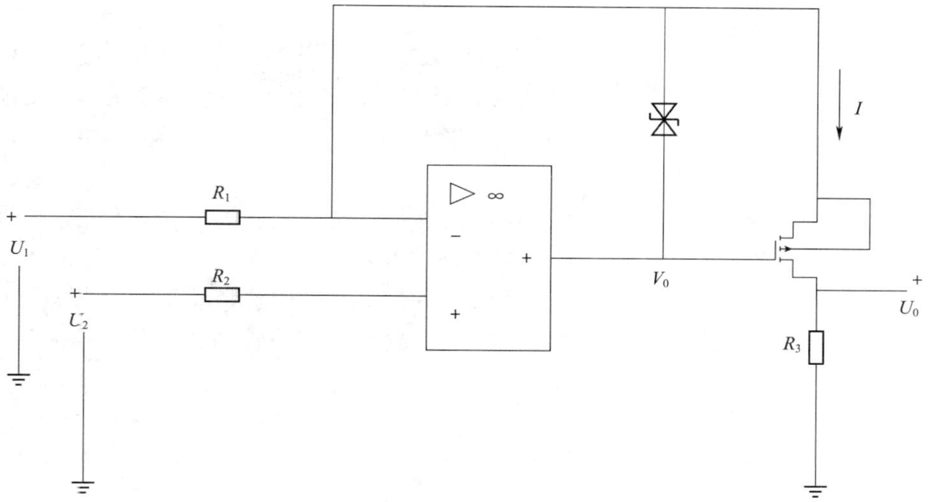

图 9-10 运算放大器和场效应管组合构成的减法运算恒流源电路

隔离运算放大器是一种能够对模拟信号进行电气隔离的电子元件，广泛用作工业过程控制中的隔离器和各种电源设备中的隔离介质。一般由输入和输出两部分组成，两者单独供电，并以隔离层划分，信号经输入部分调制处理后经过隔离层，再由输出部分解调复现。隔离运算放大器非常适合应用于电池单体电压采集电路中，它能将输入的电池端电压信号与电路隔离，从而避免了外界干扰而使系统采集精度提高，可靠性增强。

（4）压/频转换电路采集法。

当利用压频转换电路实现电池单体电压采集功能时，压/频变换器的应用是关键，它是把电压信号转换为频率信号的元件，具有良好的精度、线性度和积分输入等特点。

（5）线性光耦合放大电路采集法。

基于线性光耦合器件的电池单体电压采集电路实现了信号采集端和处理端之间的隔离，从而提高了电路的稳定性与抗干扰能力。

2. 电池温度采集

电池的工作温度不仅影响电池的性能，而且直接关系到电动汽车使用的安全问题，因此准确采集温度参数显得尤为重要。采集温度并不难，关键是如何选择合适的温度传感器。目前，使用的温度传感器很多，如热电偶、热敏电阻、热敏晶体管、集成温度传感器等。

（1）热敏电阻采集法。

热敏电阻采集法的原理是利用热敏电阻阻值随温度的变化而变化的特性，用一个定值电阻和热敏电阻串联起来构成一个分压器，从而把温度的高低转化为电压信号，再通过 A/D 转换得到温度的数字信息。热敏电阻成本低，但线性度不好，而且制造误差一般也比较大。

（2）热电偶采集法。

热电偶的作用原理是双金属体在不同温度下会产生不同的热电动势，通过采集这个电动势的值就可以通过查表得到温度的值。由于热电动势的值仅和材料有关，所以热电偶的准确度很高。但是由于热电动势都是毫伏等级的信号，所以需要放大，外部电路比较复杂。一般来说，金属的熔点都比较高，所以热电偶一般都用于高温的测量。

(3)集成温度传感器采集法。

由于温度的测量在日常生产、生活中用得越来越多,所以半导体生产商们都推出了很多集成温度传感器。这些温度传感器虽然很多都是基于热敏电阻式的,但都在生产的过程中进行校正,所以精度可以媲美热电偶,而且直接输出数字量,非常适合在数字系统中使用。

3. 电池工作电流采集

常用的电流检测方式有分流器、互感器、霍尔元件电流传感器和光纤传感器 4 种。其中,光纤传感器昂贵的价格影响了其在控制领域应用;分流器成本低、频响应好,但使用麻烦,必须接入电流回路;互感器只能用于交流测量;霍尔元件电流传感器性能好,使用方便。目前,在电动车辆动力电池管理系统电流采集与监测方面应用较多的是分流器和霍尔元件电流传感器。

四、纯电动汽车的能源管理系统

不同种类的电动汽车其能源转换系统构成不同,因而其能源管理的软、硬件系统装置构成不同。蓄电池电动汽车的能源转换装置仅由电动机/发电机、蓄电池、功率变换模块及动力传递装置等组成,能源传递路线(图 9-11)主要有由蓄电池到车轮(行驶)和由车轮到蓄电池(能量回收)两条,因而其能源管理系统最为简单,其主要任务是在满足汽车动力性需求的前提下,使蓄电池储存的能量得到最有效的利用,并能使汽车的减速和制动能量得到最大限度的回收,使汽车的能量效率最大。为了使电动汽车具有良好的机械性能、电驱动性能及合理的能量分配等,电动汽车的能源管理系统必须对能量系统的工作进行有效监测和控制,使电动汽车的能量进行最佳流动,以实现最大限度的能量利用,提高汽车的经济性能。因此,可以说能源管理系统是电动汽车整车设计的一个重要环节。

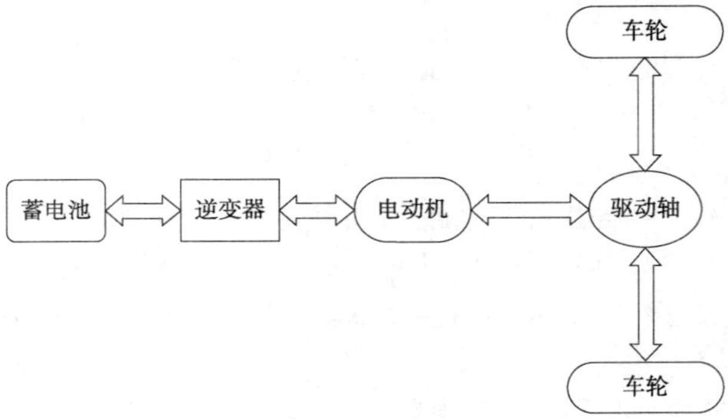

图 9-11 电动汽车能量传递路线示意图

(一)纯电动汽车能源管理系统的组成

纯电动汽车能源管理系统包括电池输入控制器、车辆运行状态参数、车辆操纵状态、能源管理系统 ECU、电池输出控制器、电机发电机系统控制。输入能源管理系统电控单元 ECU 的参数有各电池组的状态参数(如工作电压、放电电流和电池温度等)、车辆运行状态参数(如行驶速度、电动机功率等)和车辆操纵状态(如制动、起动、加速和减速等)等。能源管理系统具有对检测的状态参数进行实时显示的功能。ECU 对检测的状态参数按预定的算法进行推理与计算,并向电池、电动机等发出合适的控制和显示指令等,实现电池能量的优化管理与控制(图 9-12)。

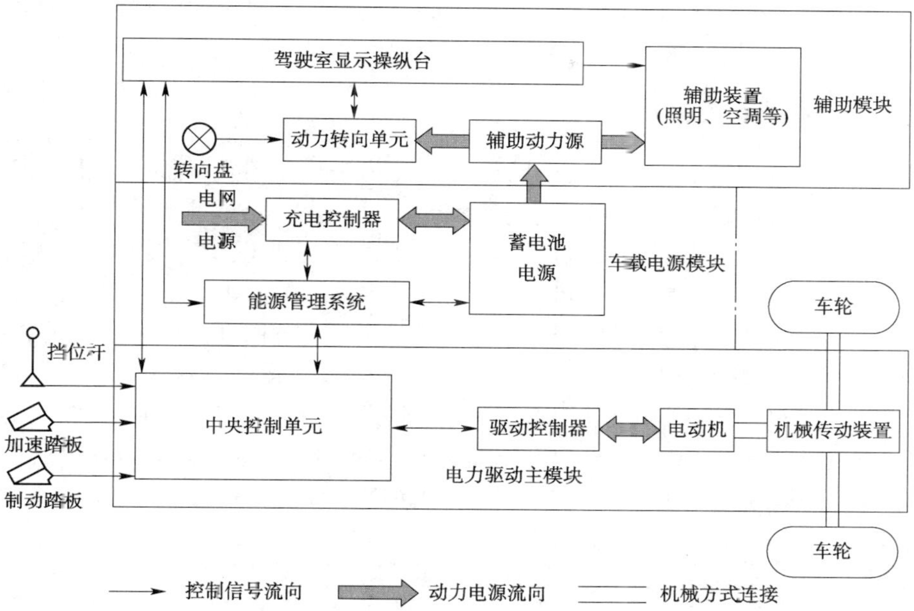

图 9-12 纯电动汽车控制系统图

(二)电池荷(充)电状态指示器

电池荷(充)电状态指示器是能源管理系统的一个重要组成部分。电动汽车蓄电池中储存有多少电能,还能行驶多少里程,是电动汽车行驶中必须知道的重要参数。与燃油汽车的油量表类似的仪表就是电池荷(充)电状态指示器,它是能源管理系统的一个重要装置。因此,在电动汽车中装备满足这一需求的仪表即电池荷(充)电状态指示器。

(三)电池管理系统

电池管理系统是能源管理系统的一个子系统。电动汽车电池携带的能量是有限的,也是非常宝贵的。为了增加电动汽车的续驶里程,对电池系统进行全面的、有效的管理是十分必要的。蓄电池管理系统在汽车运行过程中需完成的任务多种多样。其主要任务是保持电动汽车蓄电池性能良好,并优化各蓄电池的电性能和保存、显示测试数据等。

典型电池管理系统拓扑图结构主要分为主控模块和从控模块两大块。具体来说,由中央处理单元(主控模块)、数据采集模块、数据检测模块、显示单元模块、控制部件(熔断装置、继电器)等构成。一般通过采用内部 CAN 总线技术实现模块之间的数据信息通信。

基于各个模块的功能,电池管理系统能实时检测动力电池的电压、电流、温度等参数,实现对动力电池进行热管理、均衡管理、高压及绝缘检测等,并且能够计算动力电池剩余容量、充放电功率以及 SOC 和 SOH 状态。

随着电动汽车越来越多，在寻求高能量密度、高安全性的电池之外，电池能量管理系统的重要性也日益提高。不同的动力电池具有不同的性质，即使是同一类型的电池性质也存在不一致性，在使用过程中会出现扩大化造成事故发生的可能。因此，对动力电池系统进行有效的管理用以确保电动汽车的安全显得十分重要，同时也需要保证电池系统的性能，延长电池寿命，提高电池使用效率。

(四)制动能量回收系统

电动汽车制动能量回收系统主要由两部分组成，即电机再生制动部分和传统液压摩擦制动部分。所以，该制动系统可以视为机电复合制动系统。

电动汽车再生制动是利用电机的电动机/发电机可逆性原理来实现的。在电动汽车需要减速或者滑行时，可以利用驱动电机的控制电路实现电机的发电运行，使减速制动时的能量转换成对蓄电池充电的电流，从而得到再生利用。由于摩擦制动一般采用液压形式，所以所提到的机电复合制动系统也可以称为再生液压混合制动系统。从保证制动安全和提高能量利用率的角度来考虑，再生—液压混合制动系统是最适合电动汽车的综合制动系统。

电机再生制动虽然可以回收制动能量并向车轮提供部分制动力，但是其无法使得车轮完全停止转动，制动效果受到电机、电池和速度等诸多条件的限制，在紧急制动和高强度制动条件下不能独立完成制动要求，因此，为了保证汽车的制动安全性能，在采用电机再生制动的同时，必须使用传统的液压摩擦制动作为辅助，从而达到既保证汽车的制动安全性，又回收能量的目的。

电动汽车的制动系统为双回路液压制动系统 + 电动真空助力 + 电机再生制动。

制动过程中，制动控制器根据制动踏板的开度(实际为主缸压力)，判断整车的制动强度，确定相应的摩擦制动和再生制动的分配关系。前后轴的摩擦制动分配关系由液压系统对前后轮的分配关系实现；制动控制器根据制动强度和电池的 SOC 值确定可以输出的制动转矩并对前后轴进行分配，然后通过电机控制器控制驱动电机进行再生制动。在整个制动的过程中，要保证电动汽车的制动稳定性和平稳性，并尽可能多地回收制动能量，延长电动汽车续驶里程。

四轮轮毂电机驱动的纯电动汽车制动能量回收系统的结构原理如图 9-13 所示。电动汽车的制动过程是在液压摩擦制动与电机再生制动协调作用完成的。再生制动系统主要是由轮毂电机、电机控制器、逆变器、制动控制器和动力电池等主要部件组成。汽车进行制动时，制动控制器根据不同的制动工况发出不同的指令，通过电机控制器控制轮毂电机，进行再生制动。

制动能量回收通过以下过程来实现：

(1)在制动开始时，能量管理系统将动力电池 SOC 值发送给制动控制器，当 $SOC > 0.8$ 时，取消能量回收；当 $0.7 \leqslant SOC \leqslant 0.8$ 时，制动能量回收受动力电池允许的最大充电电流制约；当 $SOC < 0.7$ 时，制动能量回收不受动力电池允许的最大充电电流制约。

(2)制动控制器接收由压力变送器传送的主缸压力信号，并计算出需求的电机再生制动强度上限。

(3)制动控制器根据轮毂电机转速，计算轮毂电机实际能够提供的制动强度。

(4)比较需求的电机再生制动强度上限和轮毂电机实际能够提供的制动强度,并将结果作为电信号发送给电机控制器。

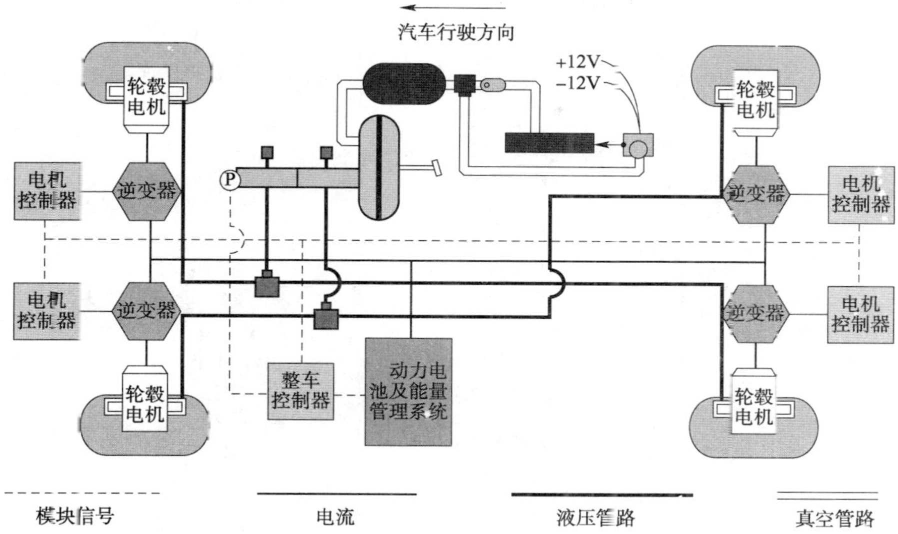

图 9-13 纯电动汽车制动能量回收系统的结构原理

(5)此时的轮毂电机工作在发电机状态下,可以提供电压恒定流向的电流,再通过逆变器限制电机产生的最高电压和对电压进行升压,以便满足电流输出要求,充到动力电池组中。

(6)为了对动力电池进行保护,能量管理系统需要时刻检测电池温度,当温度过高则停止制动能量回收。

五、混合动力系统能源管理系统

混合动力电动汽车能源管理系统将发动机、电动机、能量储存装置(蓄电池)组合在一起,它们之间的良好匹配和优化控制,可充分发挥内燃机汽车和电动汽车的优点,避免各自的不足,是当今具有实际开发意义的低排放和低油耗汽车。

目前世界各国研究开发的混合动力电动汽车有不同的结构形式,根据其驱动系统的配置和组合方式不同,分为串联式、并联式和混联式三种组合方式。

(一)串联模式驱动系统

串联式驱动系统能源管理图如图 9-14 所示。混合动力总成由发动机和发电机组成,通常将这两个部件集成为一体。发动机带动发电机发电,其电能通过控制器直接输送到电动机,由电动机产生驱动力矩驱动汽车。电池实际上起平衡发动机输出功率和电动机输入功率的作用:当发电机的发电功率大于电动机所需的功率时,控制器控制发电机向电池充电;当发电机发出的功率低于电动机所需的功率时,电池则向电动机提供额外的电能。这种系统用一个功率较小的发动机在效率最高转速范围内工作,因此能够最大限度地改善燃油经济性和减少排放。

由于串联型混合动力汽车的发动机与汽车行驶工况没有直接联系，因此控制策略的主要目标是使发动机在最佳效率区和排放区工作。串联型混合动力汽车有以下两种基本的控制模式。

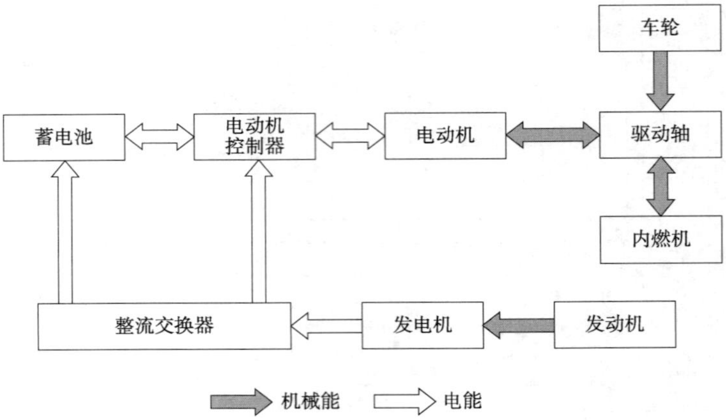

图 9-14　串联式驱动系统能源管理图

1. 恒温器式控制模式

当电动汽车蓄电池荷电状态 SOC 降到设定的低门限值时，发动机起动，在最低油耗或排放点按恒功率输出，一部分功率用于满足车轮驱动功率要求，另一部分功率向蓄电池充电。而当蓄电池组 SOC 上升到所设定的高门限值时，发动机关闭，由电动机驱动车轮。在这种模式中蓄电池组要满足所有瞬时功率的要求，蓄电池组的过度循环所引起的损失可能会减少发动机优化所带来的好处。这种模式对发动机比较有利而对蓄电池不利。

2. 功率跟踪式控制模式

根据电池的 SOC 和负荷确定发动机的开关状态和输出功率的大小，目的是满足设备的功率需求。当发动机功率需求小于输出功率，将发动机的输出功率调整为最小值；当 SOC 高于下界，汽车总的需求负荷未超出电池容量但超过发动机最大功率，则发动机输出功率调整为最大值。发动机的功率紧紧跟随车轮功率的变化，这与传统的汽车运行相似。采用这种控制策略，蓄电池工作循环将消失，与充放电有关的蓄电池组损失被减少到最低程度。但发动机必须在从低到高的整个负荷区范围内运行，而且发动机的功率快速而动态地变化，这些都损害了发动机的效率和排放性能。解决的办法是采用自动无级变速传动(CVT)无级变速器，通过调节 CVT 速比，控制发动机沿最小油耗曲线运行，这样同时减少了 HC 和 CO 的排放量。

这两种控制模式相比较，恒温器式控制模式的发动机一般工作在最佳油耗点附近，功率跟随式的发动机一般工作在最佳经济性工作线附近。相比而言，前者发动机的平均工作效率要高，但功率跟随式控制策略在动力性和燃油经济性方面有较好的综合性能。上述两种控制模式可以结合起来使用，目的是充分利用发动机和电动汽车电池的高效率区，使其达到整体效率最高。

(二)并联模式驱动系统

并联式驱动系统能源管理图如图 9-15 所示，汽车可由发动机和电动机共同驱动或各自单独驱动。当电动机只是作为辅助驱动系统时,功率比较小。与串联式机构相比,发动机通过机械传动机构直接驱动汽车,其能量的利用率相对较高,这使得并联式燃油经济性比串联式的高。并联式驱动系统最适合于汽车在城市间公路和高速公路上稳定行驶的工况。由于并联式驱动系统的发动机工况要受汽车行驶工况的影响,因此不适于汽车行驶工况变化较多的工况,相比于串联结构式,需要变速装置和动力复合装置,传动机构较为复杂。

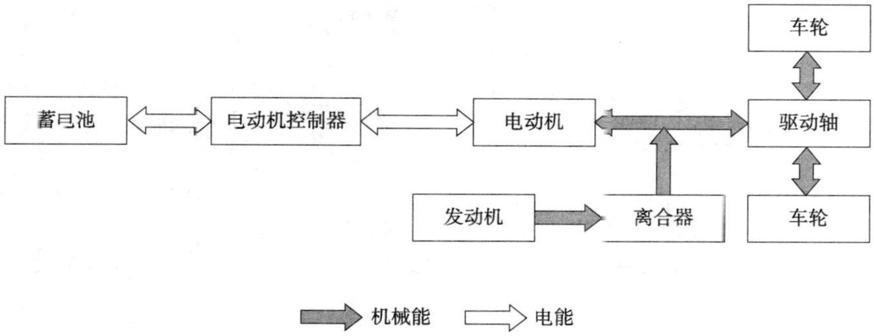

图 9-15　并联式驱动系统能源管理图

并联式混合动力汽车一般的控制策略通常是根据电池的 SOC、驾驶员的加速踏板位置、车速和驱动轮的平均功率等参数,按照一定的规则使发动机和电动机输出相应的转矩,以满足驱动轮驱动力矩的要求。

(三)混联式驱动系统

混联式驱动系统是串联式与并联式的综合,其能源管理图如图 9-16 所示。发动机发出的功率一部分通过机械传动输送给驱动桥,另一部分则驱动发电机发电。发电机发出的电能输送给电动机或电池,电动机产生的驱动力矩通过动力复合装置传送给驱动桥。混联式驱动系统的控制策略是:在汽车低速行驶时,驱动系统主要以串联方式工作;当汽车高速稳定行驶时,则以并联工作方式为主。这种结构能较好地综合实现汽车的各项性能需求,但控制技术复杂,结构设计与制造要求高。发动机的工作不受汽车行驶状况的影响,总是在最高效率状态下工作或自动关闭,使汽车任何时候都可实现低排放及超低油耗,达到环保和节能效果。

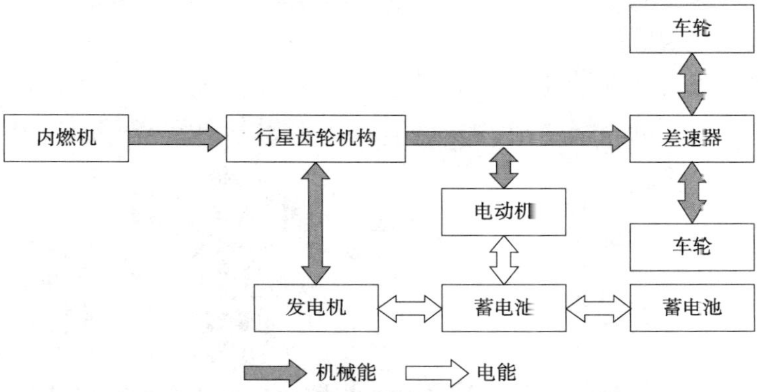

图 9-16　混联式驱动系统能源管理图

根据能量供给方式,混合动力系统基本工作模式可分为:纯电动驱动模式、纯发动机驱动模式、混合驱动模式、行车充电模式、减速/制动能量回馈模式、怠速/停车模式等。驾驶循环不同阶段对应的工作模式如图 9-17 所示。

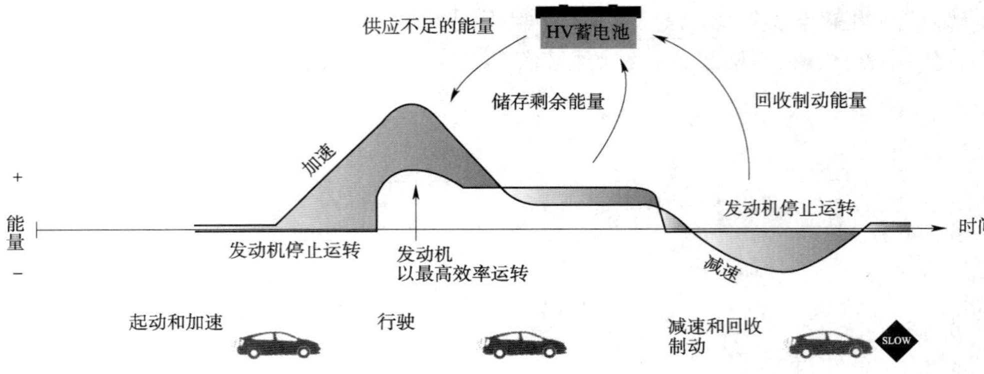

图 9-17　混合动力系统基本工作模式图

1. 纯电动驱动模式

起步工况,当动力电池的荷电状态 SOC 高于 SOC 下限值,而混合动力客车处于轻载起步工况,分离发动机与传动系统之间的离合器,切断发动机的动力并停机,由动力电池提供汽车起步能量并以电动机驱动车辆运行。

当动力电池的电量低于下限值时,必须由发动机提供起步时所需的动力,工作模式切换到充电模式(图 9-18)。

图 9-18　纯电动驱动模式

2. 纯发动机驱动模式

在正常行驶工况下车辆克服路面阻力运行所需的动力较小,一般情况下主要由发动机提供动力。当动力电池的 SOC 低于设定下限值时,切换到充电模式(图 9-19)。

图 9-19　纯发动机驱动模式

3. 行车充电模式

当动力电池的电量比较低时，为了使发动机工作于高效率区，发动机除了要提供克服路面阻力所需的动力外，还要提供多余的动力驱动发电机发电，将部分机械能转换成电能储存在动力电池中，以备其他工况使用（图 9-20）。

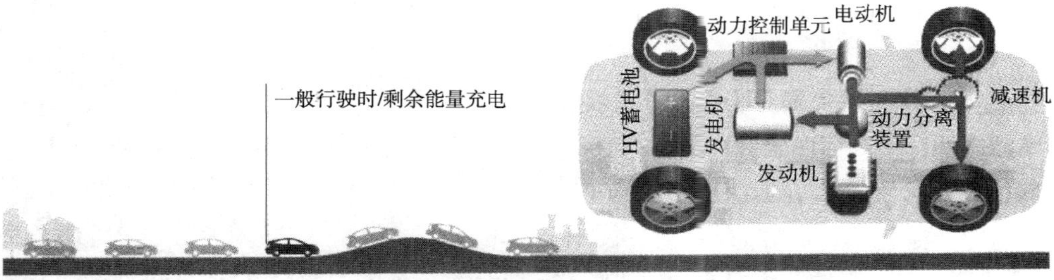

图 9-20 行车充电模式

4. 混合驱动模式

在加速行驶或爬坡等大负荷工况下，当车辆行驶所需的动力超过发动机的经济油耗区，则动力电池输出能量驱动电动机向车辆提供辅助动力。当动力电池的 SOC 较低时，电动机不再工作，发动机的油门全开以便提供最大输出动力，此时为纯发动机工作模式（图 9-21）。

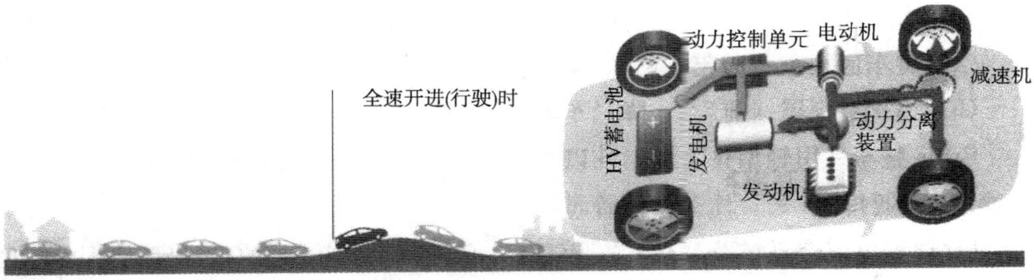

图 9-21 混合驱动模式

5. 减速/制动能量回馈模式

混合动力客车在减速/制动工况时通常有两种工作模式：一种是只通过电机的反拖使车速缓慢下降并回收部分制动能量；另一种是既通过电机反拖使车速迅速下降并回收大量的制动能量，同时机械制动系统也参与制动过程（图 9-22）。

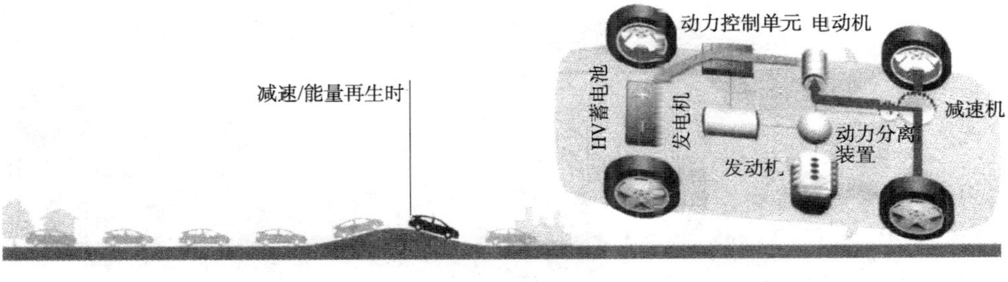

图 9-22 减速/制动能量回馈模式

6. 怠速/停车模式

在怠速/停车模式下混合动力传动系统中没有能量流动,通常情况下发动机和电动机均处于停机状态,但当动力电池 SOC 比较低时,发电机需工作于经济工作区为动力电池充电,以备下一工况使用(图 9-23)。

图 9-23　怠速/停车模式

技能实训

纯电动和混合动力汽车汽车能源管理系统认识和功能验证

(一) 实训设备

电动汽车、混合动力汽车、多媒体。

(二) 场地要求

试车场或者环形公路场地。

(三) 实训准备

电动汽车充满电,实训教师具有汽车驾驶证。

(四) 实训过程

教师驾驶汽车模拟各种路况下的工作模式,学生 4 人一组搭乘车辆,通过驾驶室中控仪表显示电动汽车的工作和电池充电状态来演示汽车能源管理系统的工作状态,学生记录下相关数据。

模块小结

(1) 电动汽车能源管理系统是对电动汽车动力系统能源转换装置的工作能量进行协调、分配和控制的软、硬件系统。

(2) 能源管理系统的硬件由一系列传感器、控制单元 ECU 和执行元件等组成,软件系统的功能主要是对传感器的信号进行分析处理,对能源转换装置的工作能量进行优化分析,并向执行元件发出指令。

(3)电池管理系统通过检测电池组中各单体电池的状态来确定整个电池系统的状态,并根据它们的状态对动力电池系统进行对应的控制调整和策略实施,实现对动力电池系统及各单体的充放电管理以保证动力电池系统安全稳定地运行。

(4)电池管理系统的基本功能可以分为检测、管理、保护三大部分。具体来看,包括数据采集、状态监测、均衡控制、热管理、安全保护等功能。

(5)作为电池管理系统中其他功能的基础与前提,数据采集的精度和速度能够反映电池管理系统的优劣。

(6)对电池状态的分析主要是电池剩余电量及电池老化程度这两个方面,即 SOC 评估和 SOH 评估。

(7)电池热管理系统是用来确保电池系统工作在适宜温度范围内的一套管理系统,主要由电池箱、传热介质、监测设备等部件构成。

(8)安全保护作为整个电池管理系统最重要的功能,是基于前面 4 个功能而进行的,主要包括过电流保护、过充过放保护、过温保护和绝缘监测。

(9)电池电量管理是电池管理的核心内容之一,对于整个电池状态的控制、电动车辆续驶里程的预测和估计具有重要的意义。

(10)为了平衡电池组中单体电池的容量和能量差异,提高电池组的能量利用率,在电池组的充放电过程中需要使用均衡电路。

(11)能量耗散型是通过单体电池的并联电阻进行分流从而实现均衡的。这种电路结构简单,均衡过程一般在充电过程中完成,对容量低的单体电池不能补充电量,存在能量浪费和增加热管理系统负荷的问题。

(12)非能量耗散型电路的耗能相对于能量耗散型电路小很多,但电路结构相对复杂,可分为能量转换式均衡和能量转移式均衡两种方式。

(13)能量转移式均衡是利用电感或电容等储能元件,把能量从电池组中容量高的单体电池,通过储能元件转移到容量比较低的电池上。

(14)动力电池安全管理系统主要包括烟雾报警、绝缘检测、自动灭火、过电压和过电流控制、过放电控制、防止温度过高、在发生碰撞的情况下关闭电源等功能。

(15)为了使电动汽车具有良好的机械性能、电驱动性能及合理的能量分配等,电动汽车的能源管理系统必须对能量系统的工作进行有效监测和控制,使电动汽车的能量进行最佳流动,以实现最大限度的利用能量,提高汽车的经济性能。因此,能源管理系统是电动汽车整车设计的一个重要环节。

(16)纯电动汽车能源管理系统由电池输入控制器、车辆运行状态参数、车辆操纵状态、能源管理系统 ECU、电池输出控制器、电机发电机系统控制组成。

(17)电动汽车制动能量回收系统主要由两个部分组成,即电机再生制动部分和传统液压摩擦制动部分。所以,该制动系统可以视为机电复合制动系统。

(18)混合动力电动汽车能源管理系统将发动机、电动机、能量储存装置(蓄电池)组合在一起,它们之间的良好匹配和优化控制,可充分发挥内燃机汽车和电动汽车的优点,避免各自的不足，是当今具有实际开发意义的低排放和低油耗汽车能源管理系统。

(19)混合动力电动汽车有不同的结构形式，根据其驱动系统的配置和组合方式的不同，分为串联式、并联式和混联式三种组合方式。

思考与练习

(一)填空题

1. 电池管理系统的基本功能可以分为________、________、________三大部分。
2. 数据采集的对象一般为________、电流、________。
3. 在对 SOC 的分析上，主要有________、________、卡尔曼滤波法、________法和________等。
4. 常用的电流检测方式有________、________、________和光纤传感器 4 种。
5. 电动汽车制动能量回收系统主要由两部分组成，即________部分和________制动部分。
6. 混合动力汽车驱动系统的配置和组合方式不同，分为________式、________式和________式三种组合方式。

(二)简答题

1. 动力电池管理系统的基本功能有哪些?
2. 电池 SOC 估算精度的影响因素有哪些?
3. 电动汽车制动能量回收系统如何工作?
4. 动力电池热管理的功能有哪些?
5. 混合动力系统基本工作模式有哪几种? 如何工作?

参 考 文 献

[1] 崔胜民. 新能源汽车技术解析[M]. 北京:化学工业出版社,2016.
[2] 戴良鸿. 新能源汽车结构与检修[M]. 北京:北京出版社,2015.
[3] 胡骅,宋慧. 电动汽车[M]. 3 版. 北京:人民交通出版社,2012.
[4] 杨庆彪. 混合动力汽车结构原理与维修[M]. 北京:中国劳动社会保障出版社,2010.
[5] 赵振宁,王慧怡. 新能源汽车技术[M]. 北京:人民交通出版社,2013.
[6] 陈丁跃,陈李昊,陈俊宇. 新能源汽车原理技术与未来[M]. 北京:人民交通出版社股份有限公司,2016.